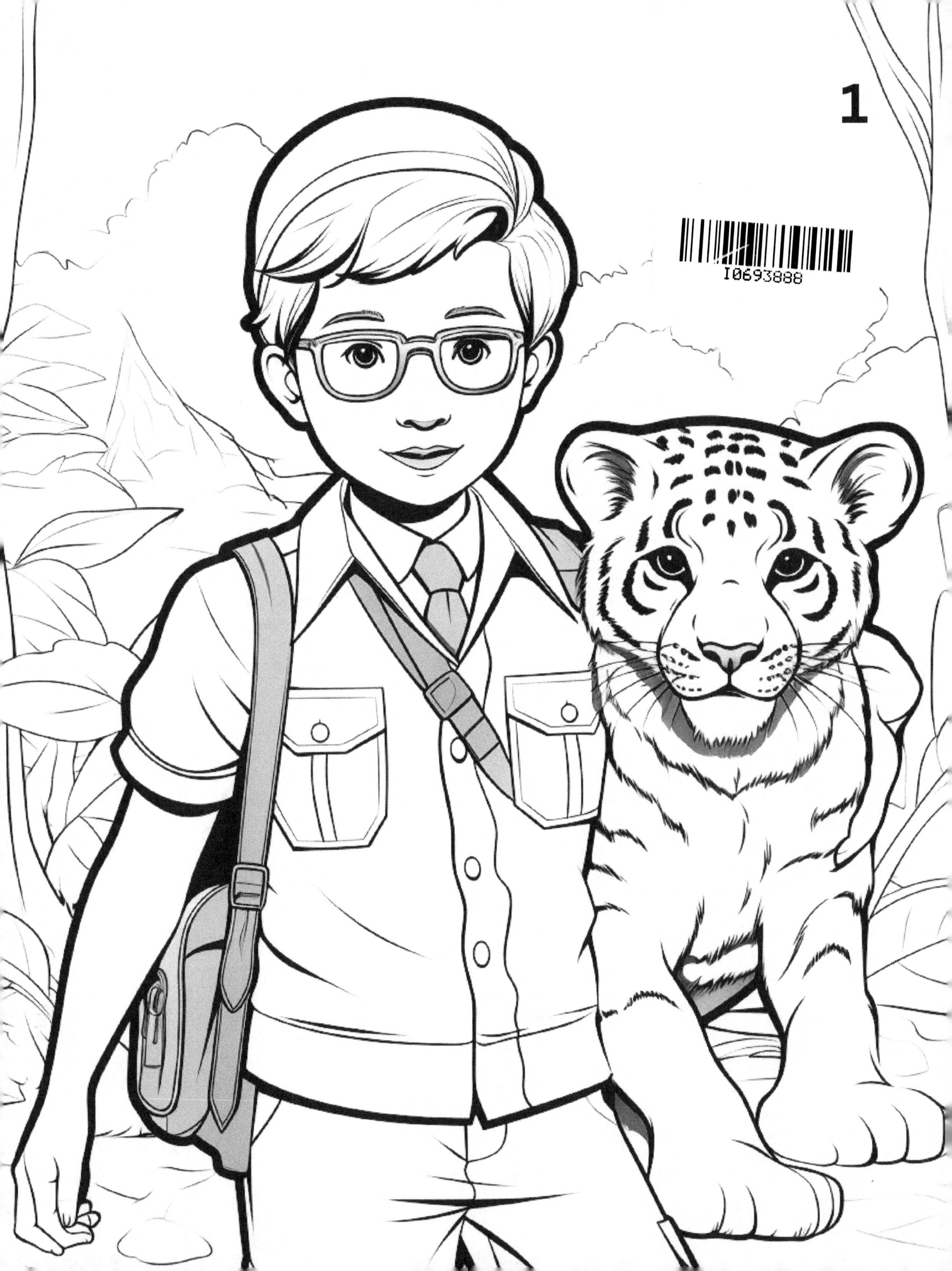

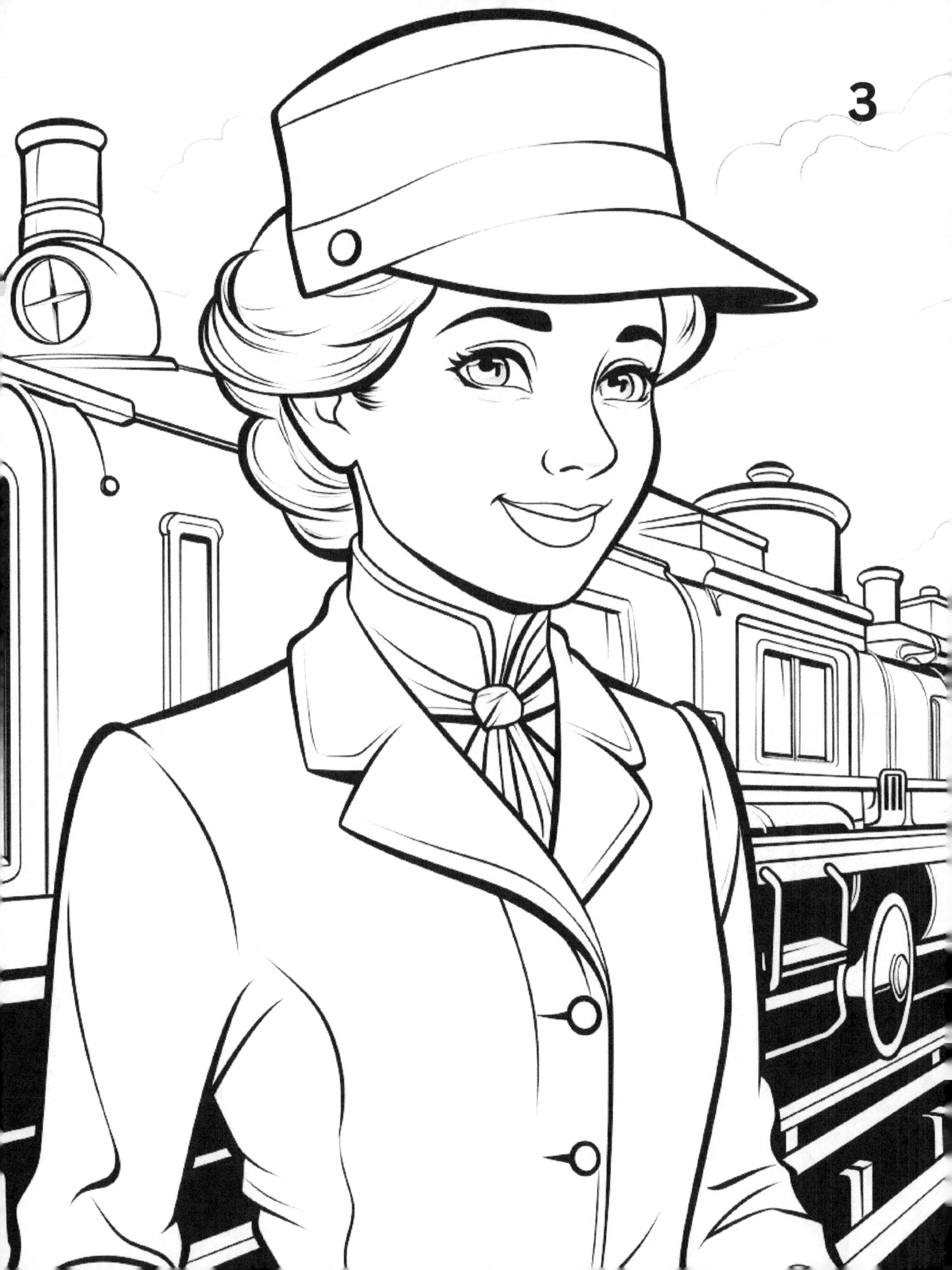
3

4

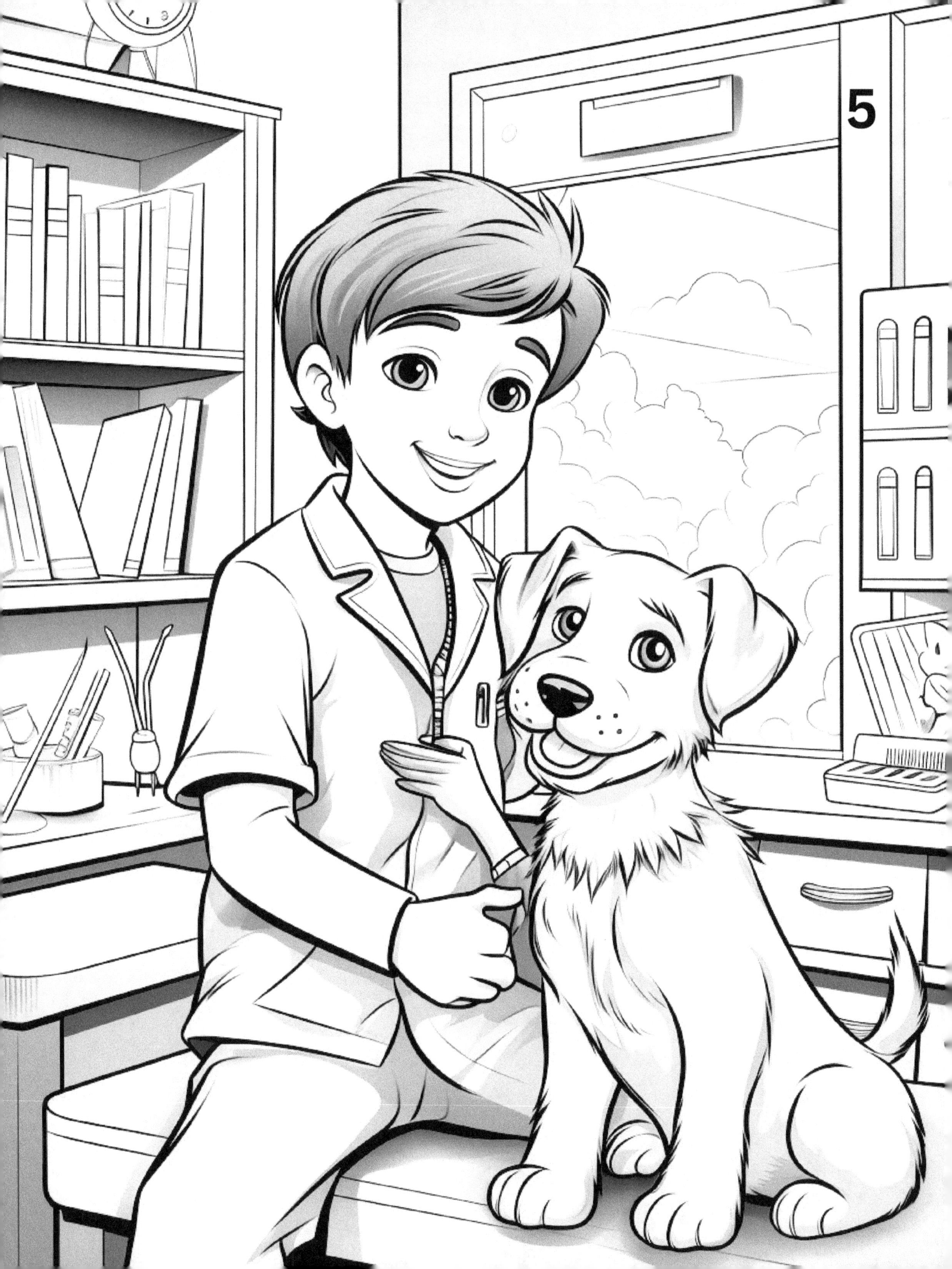
5

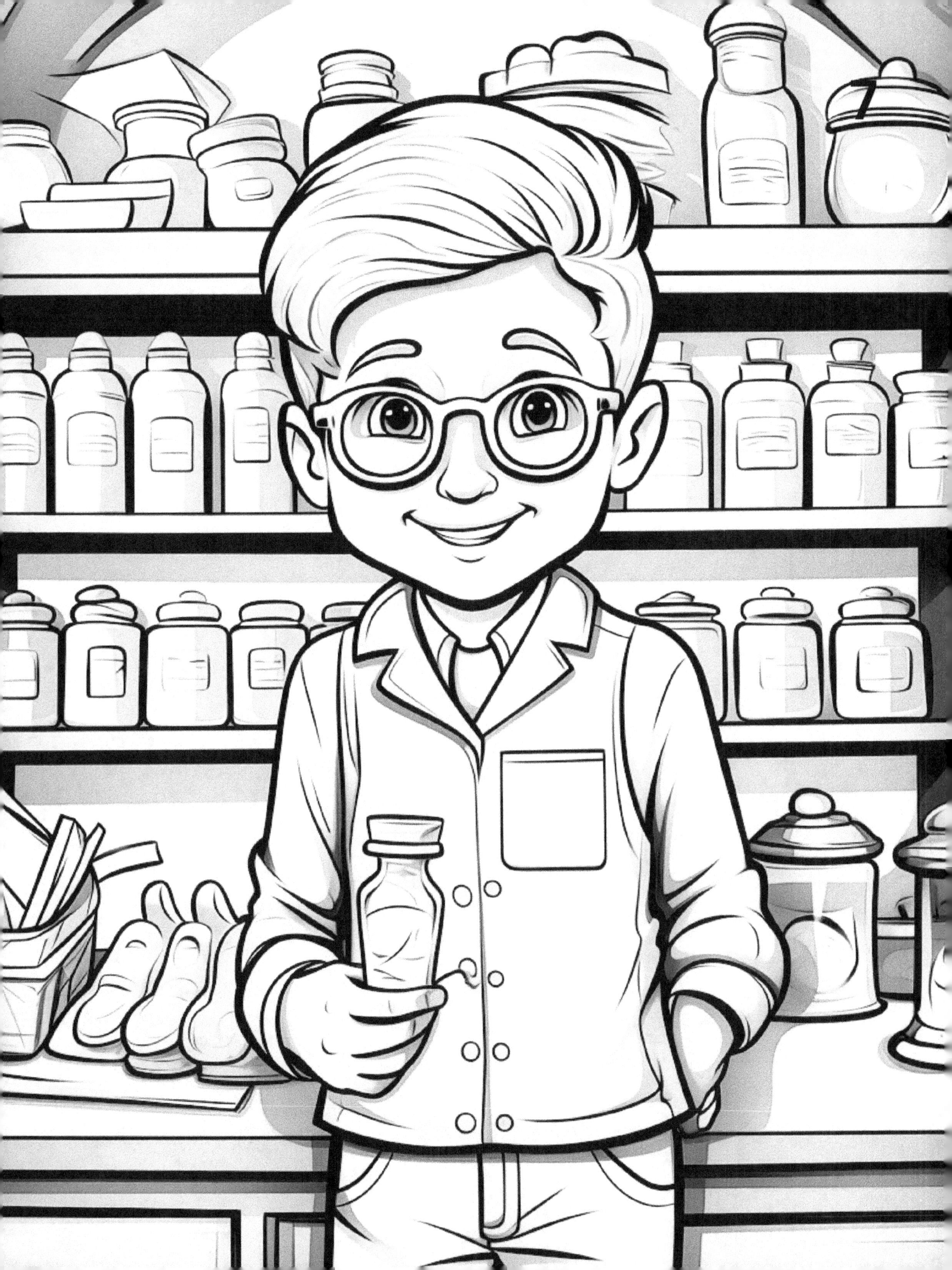

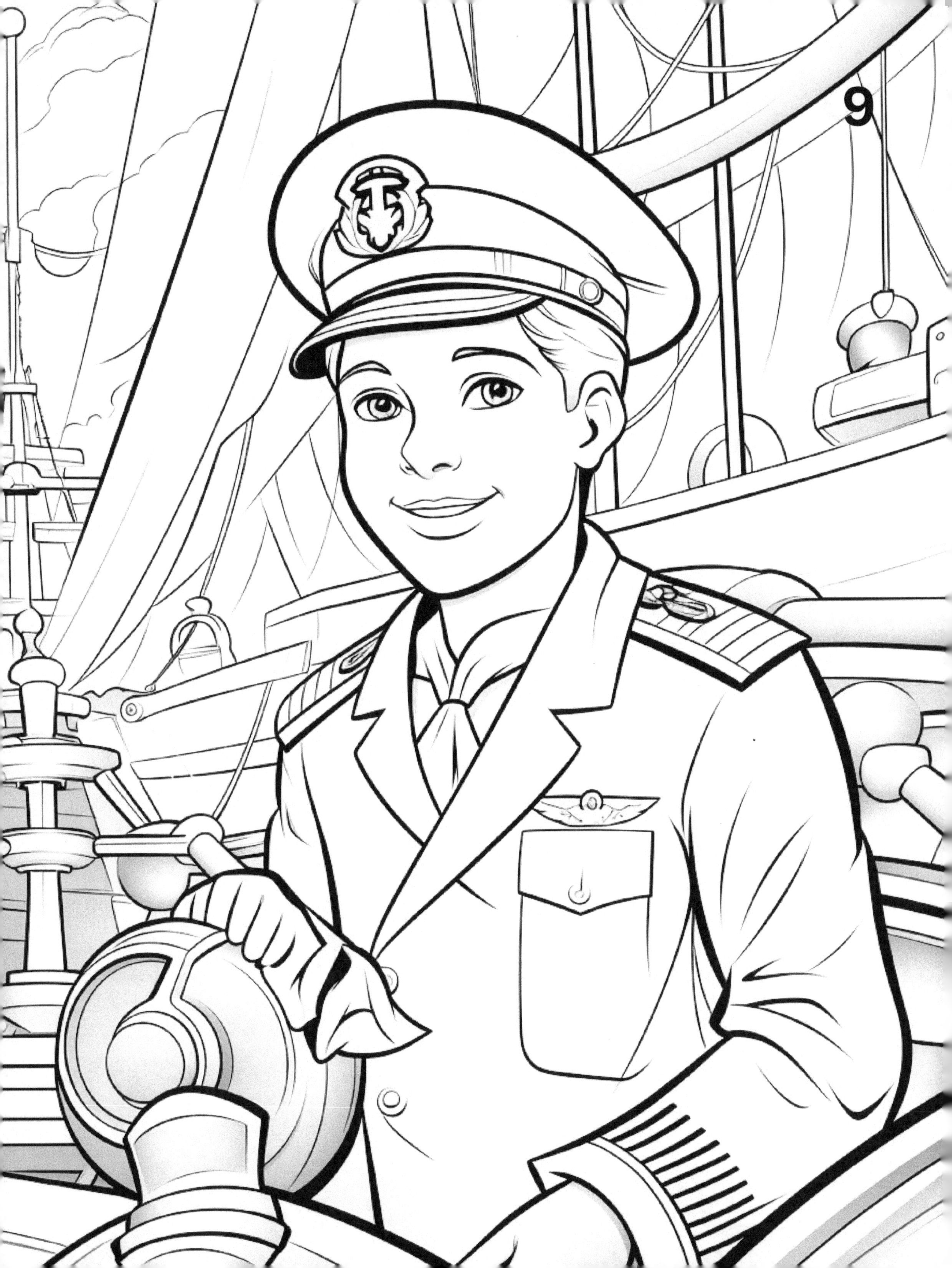

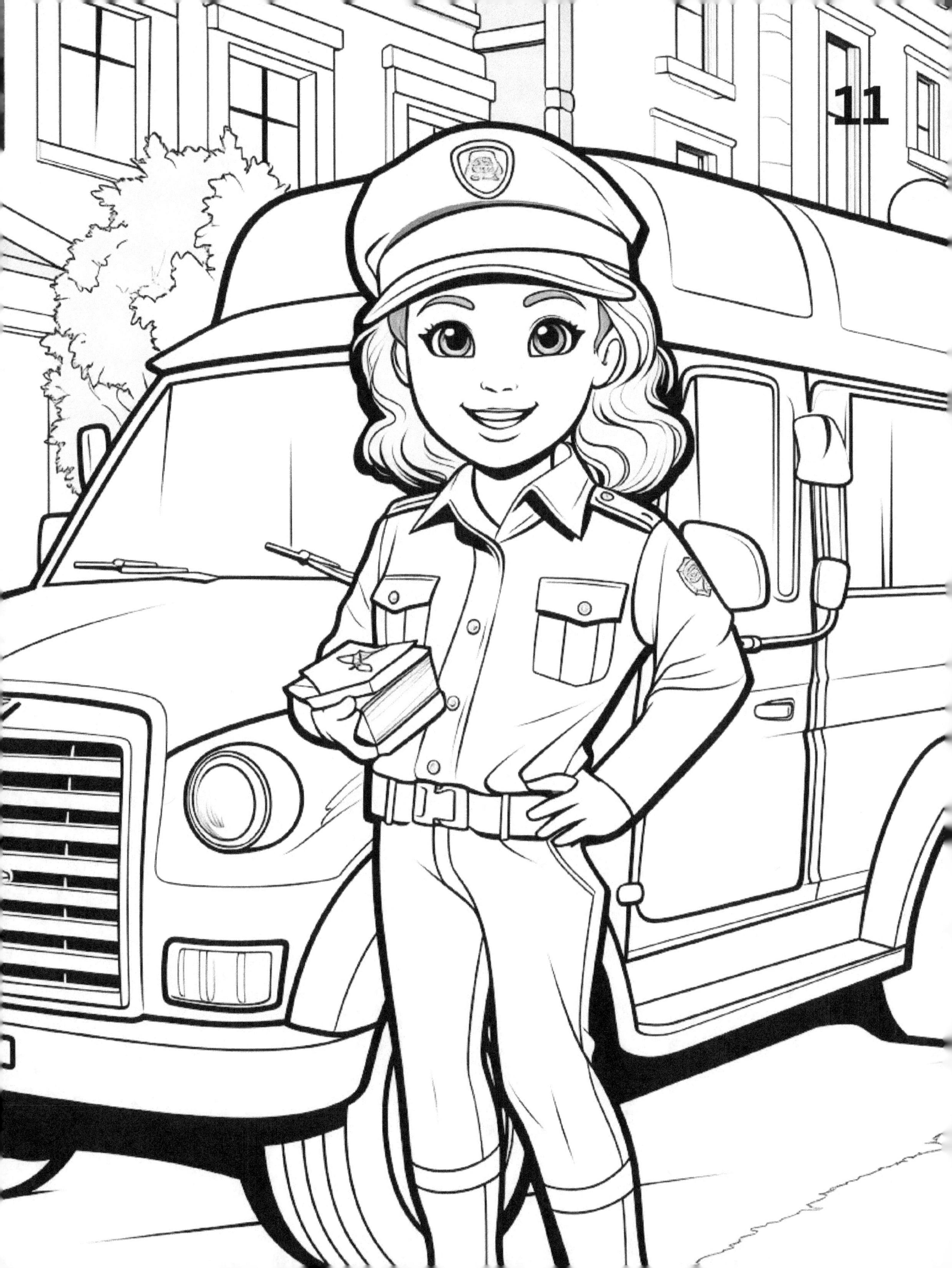

12

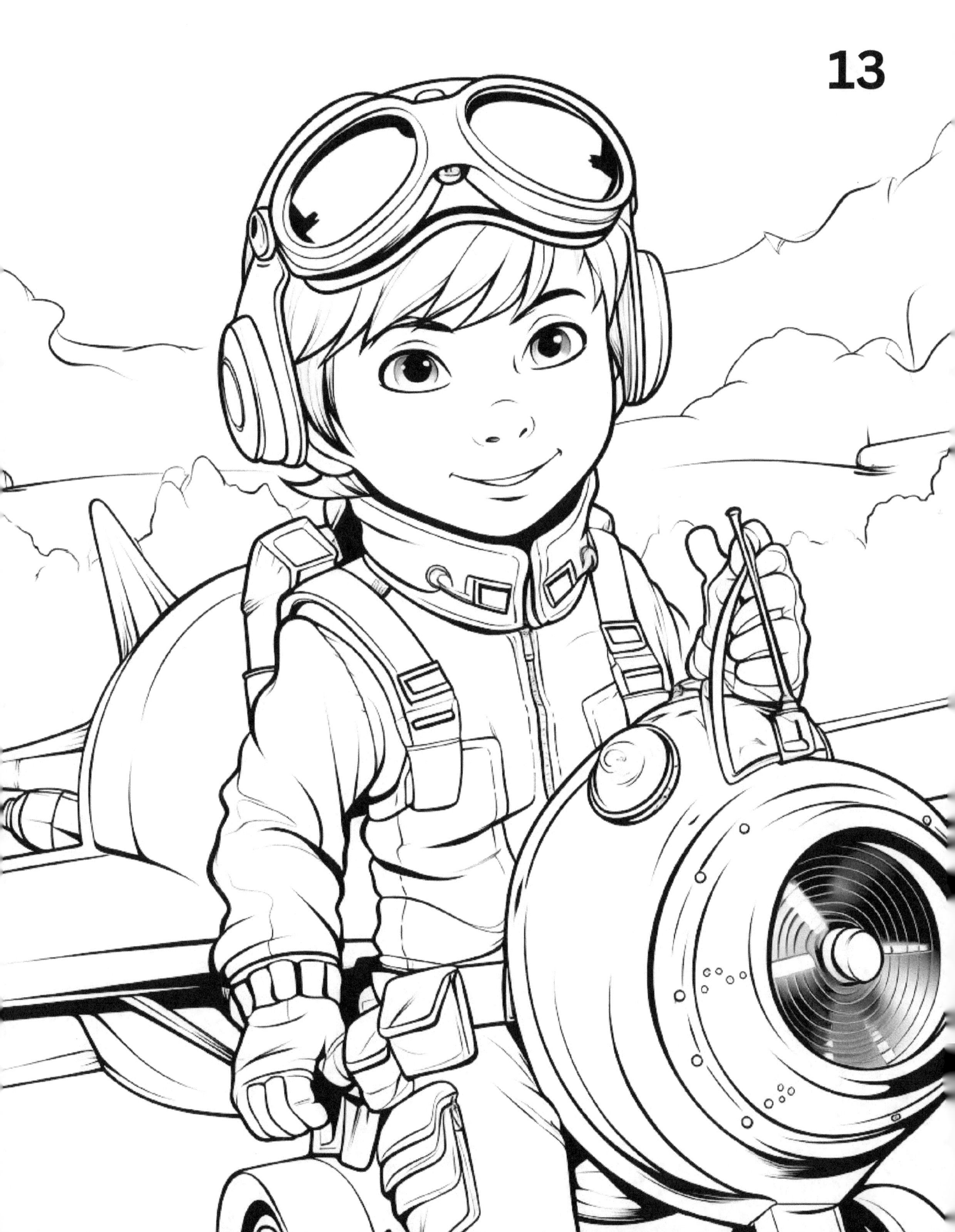

14

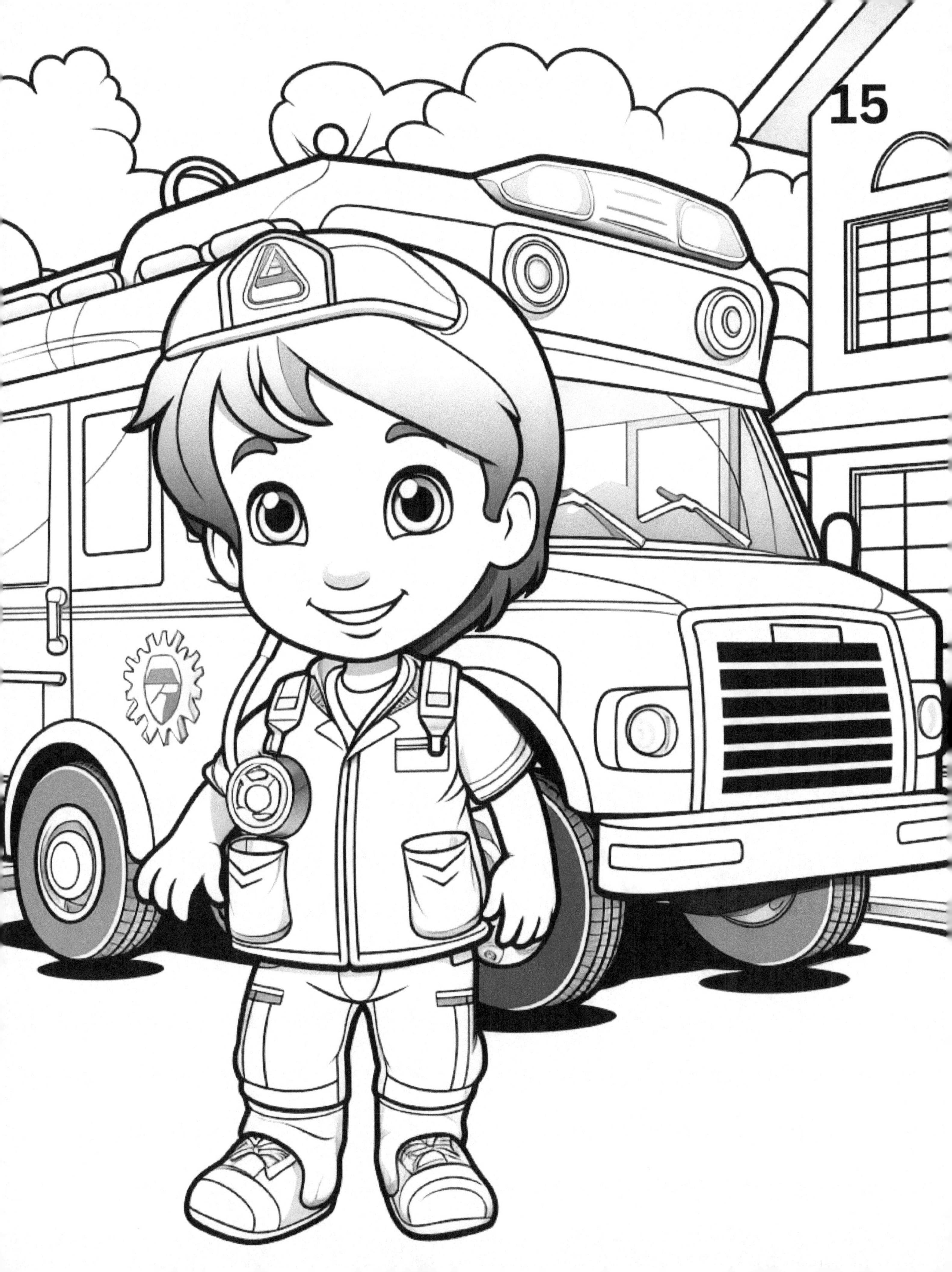

15

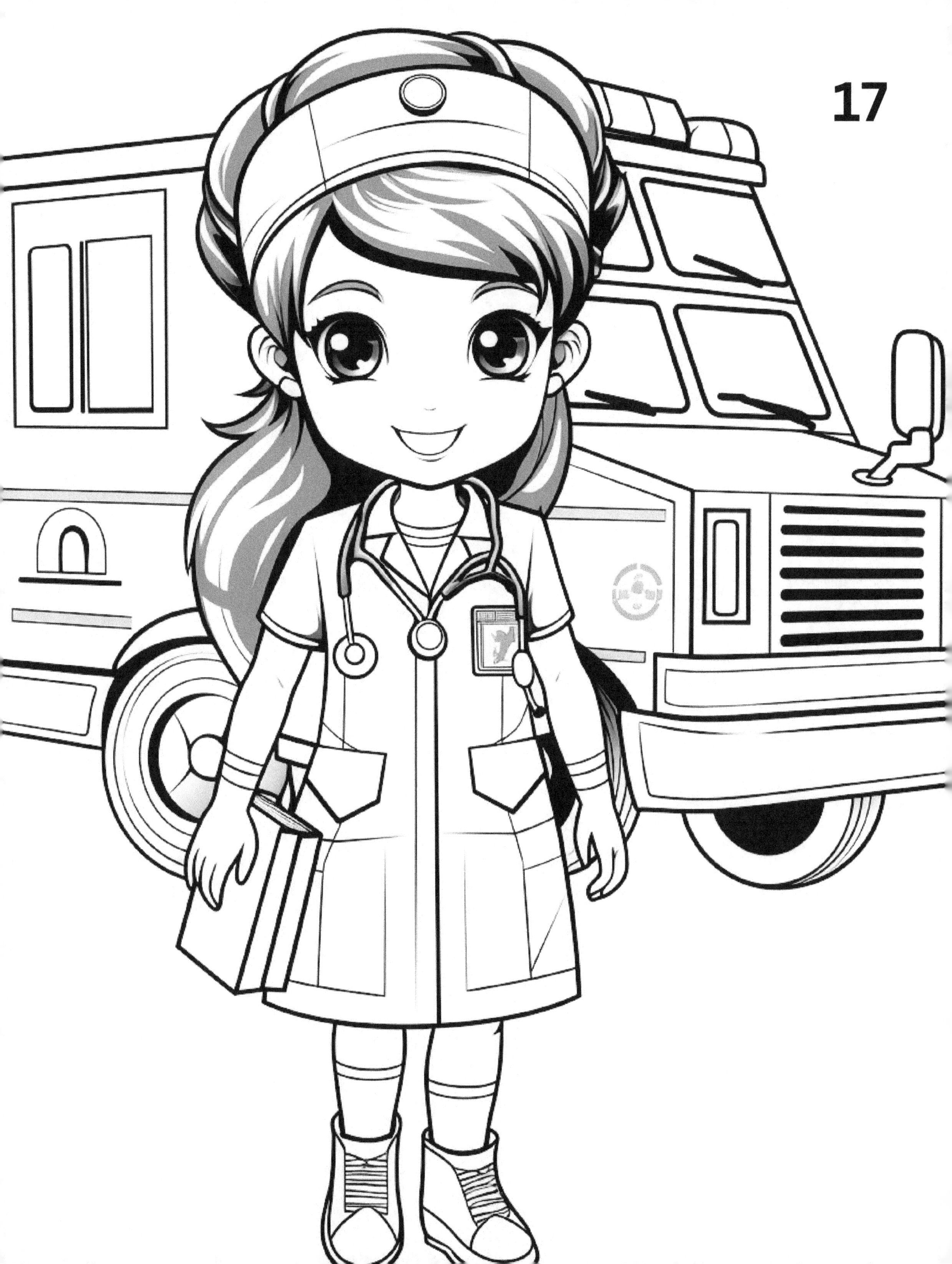

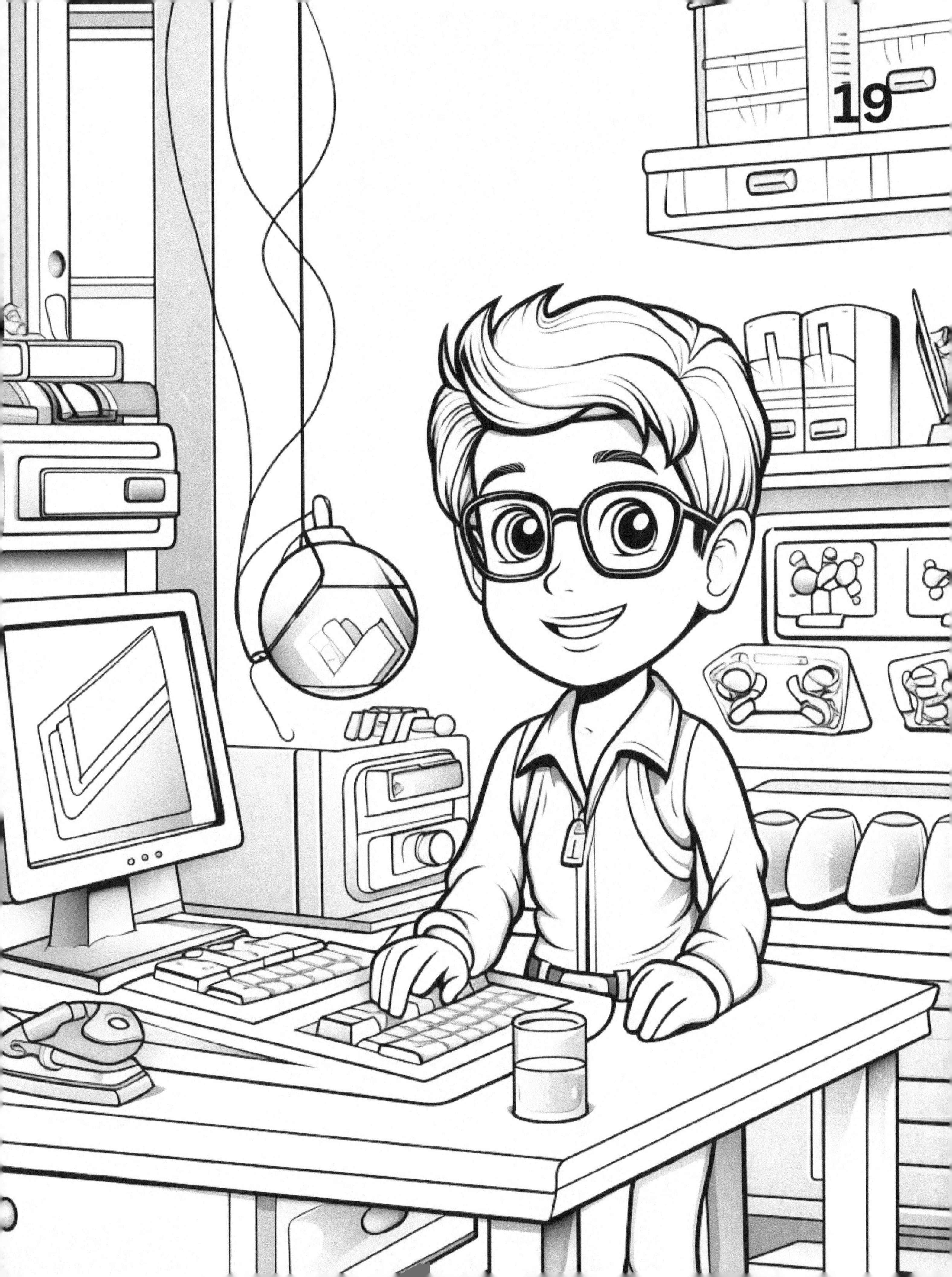

19

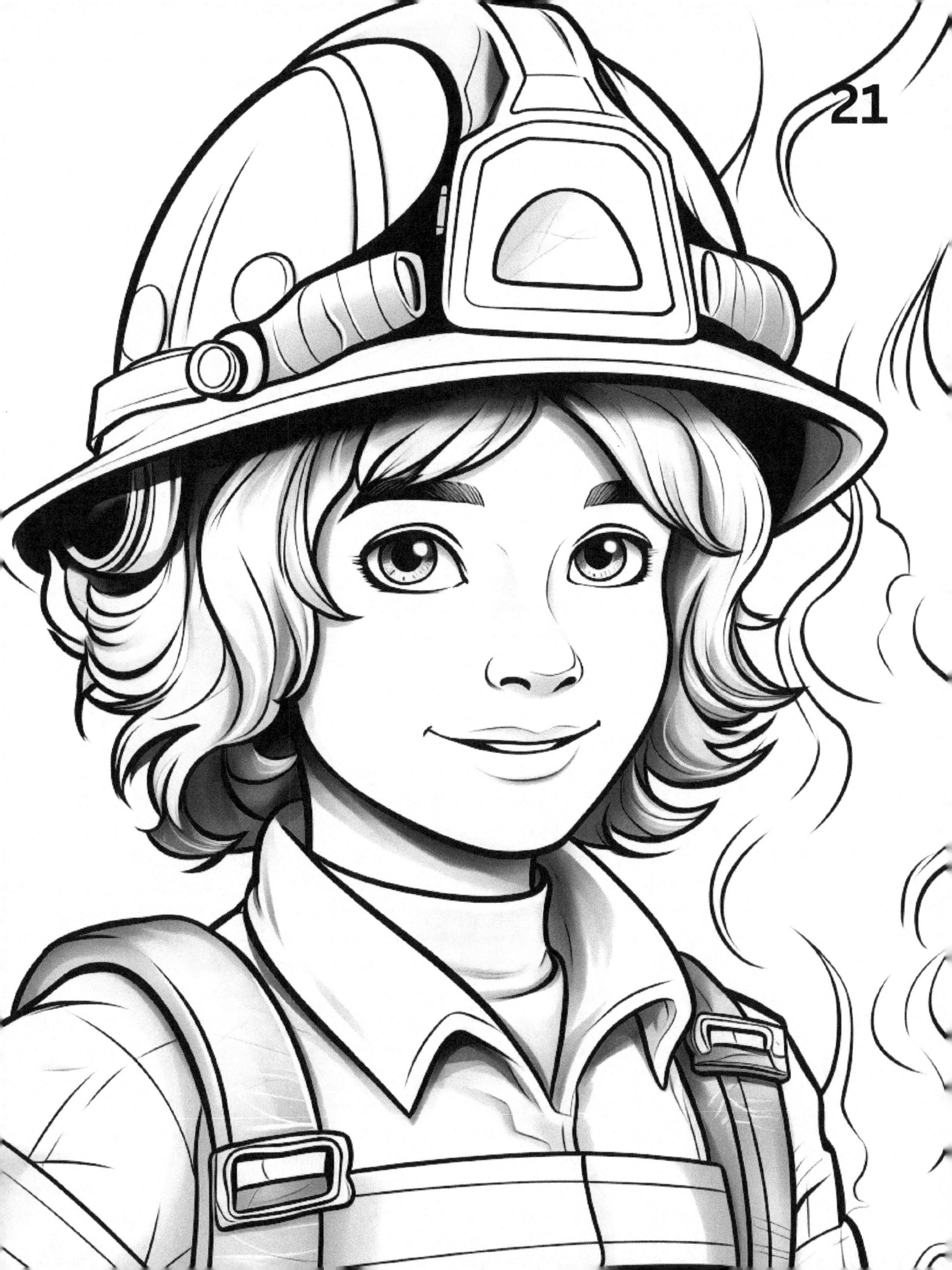

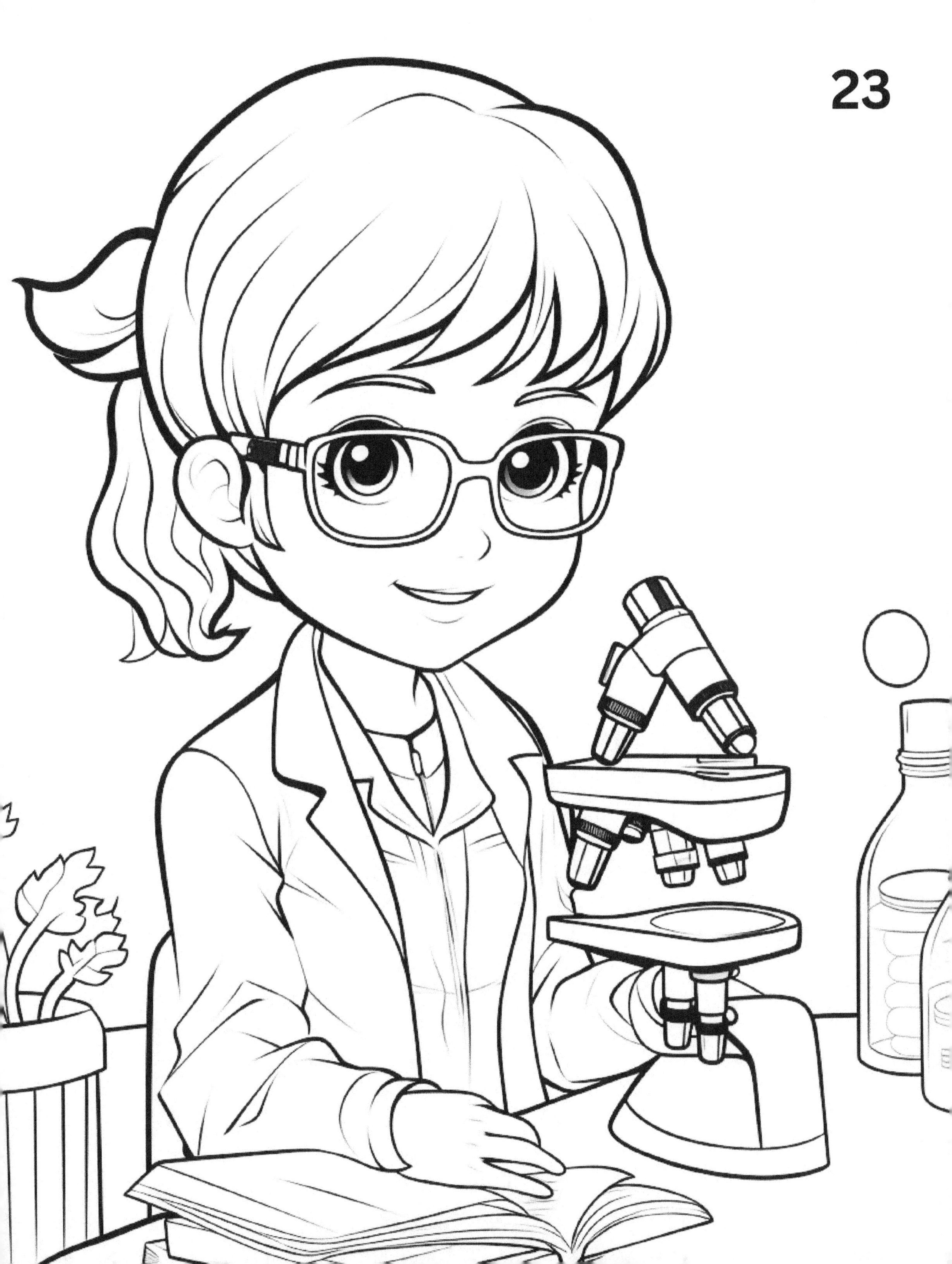

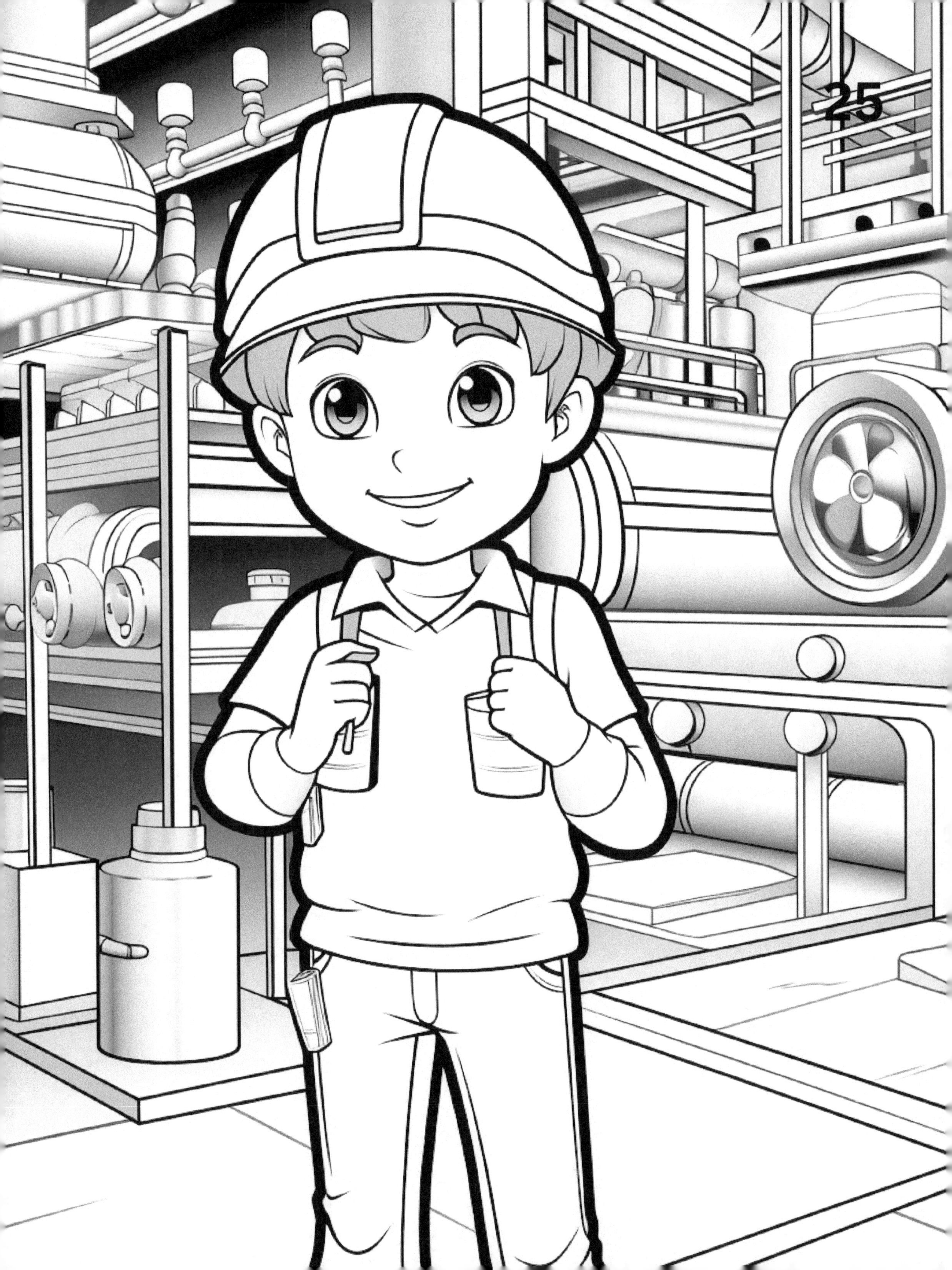

25

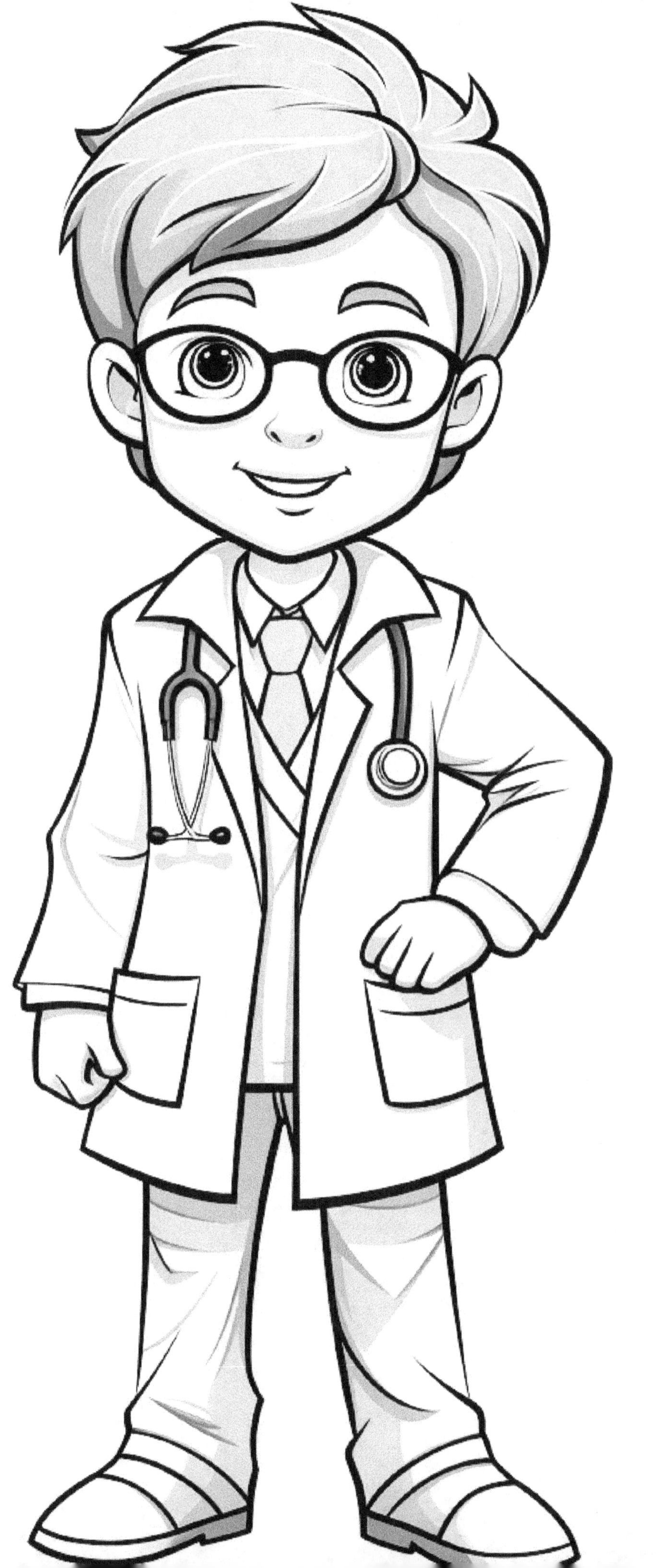

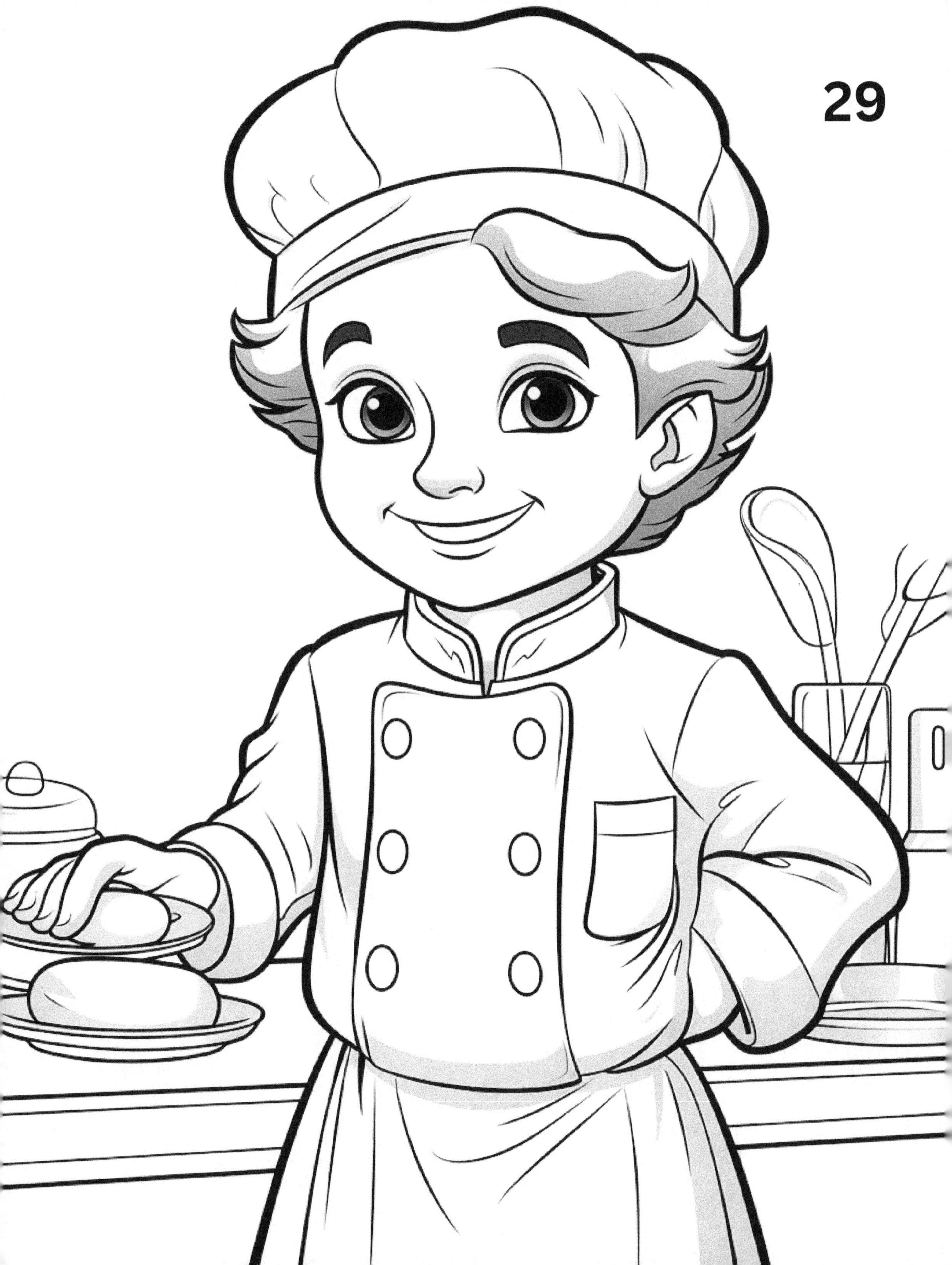

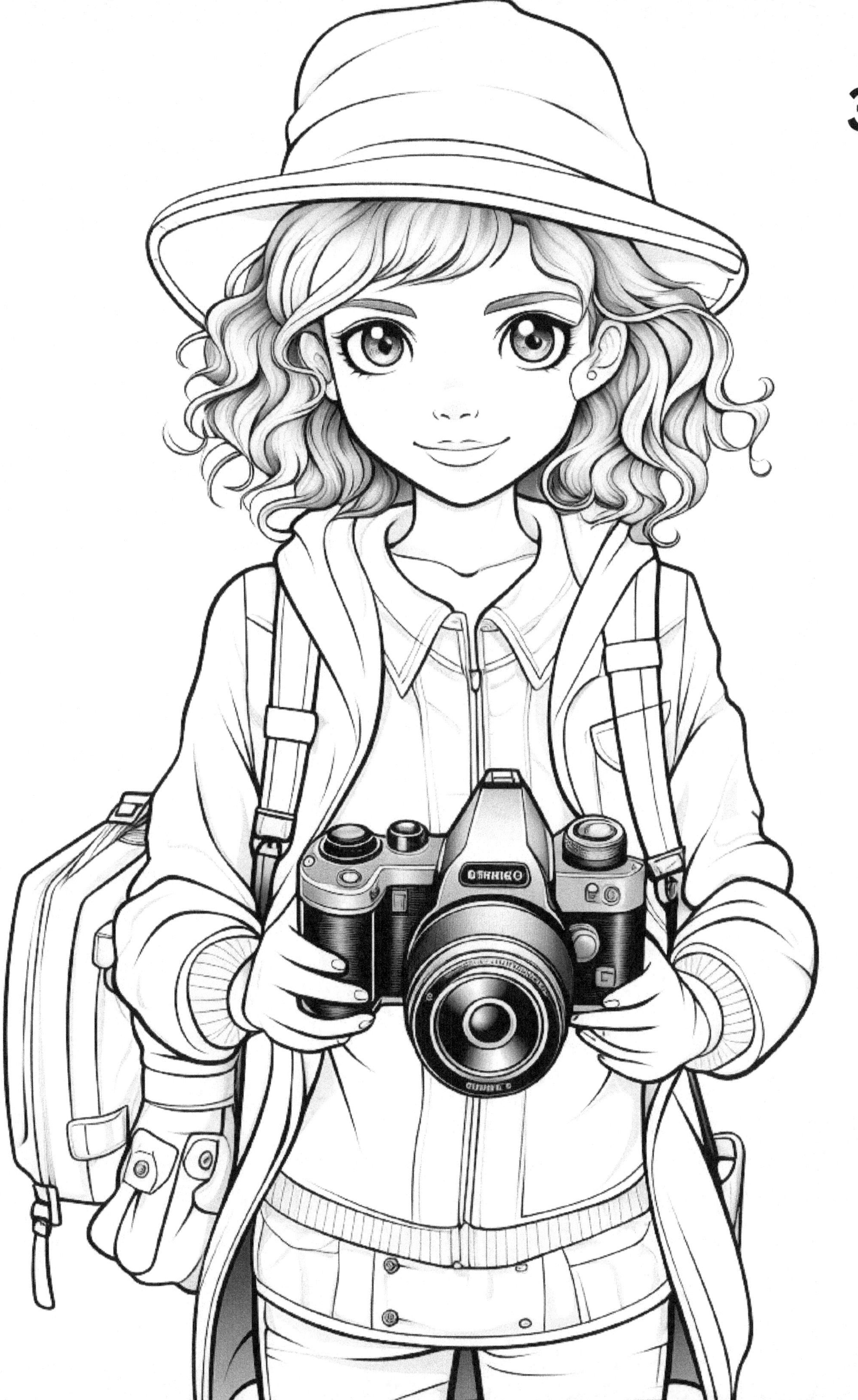

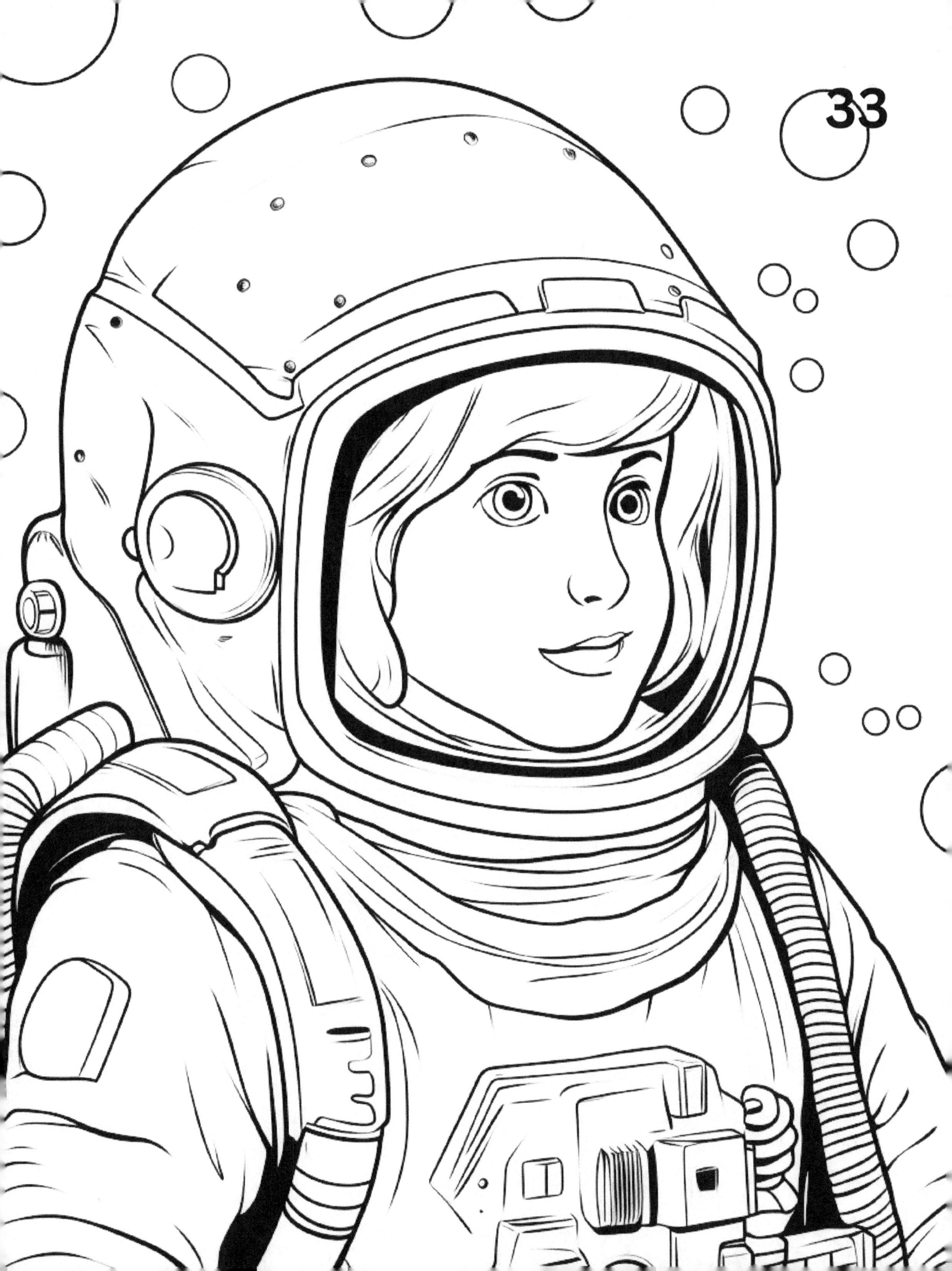

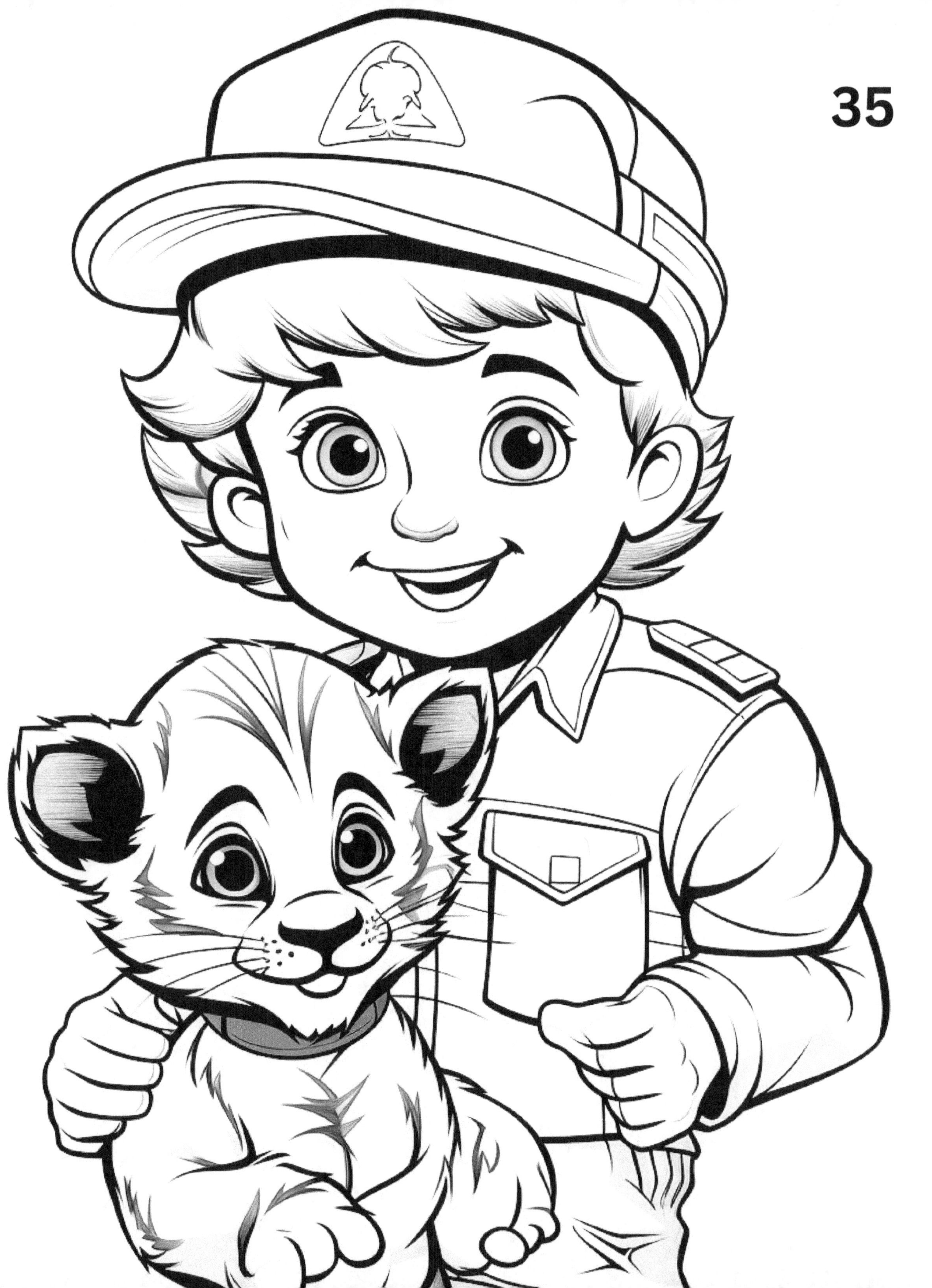

36

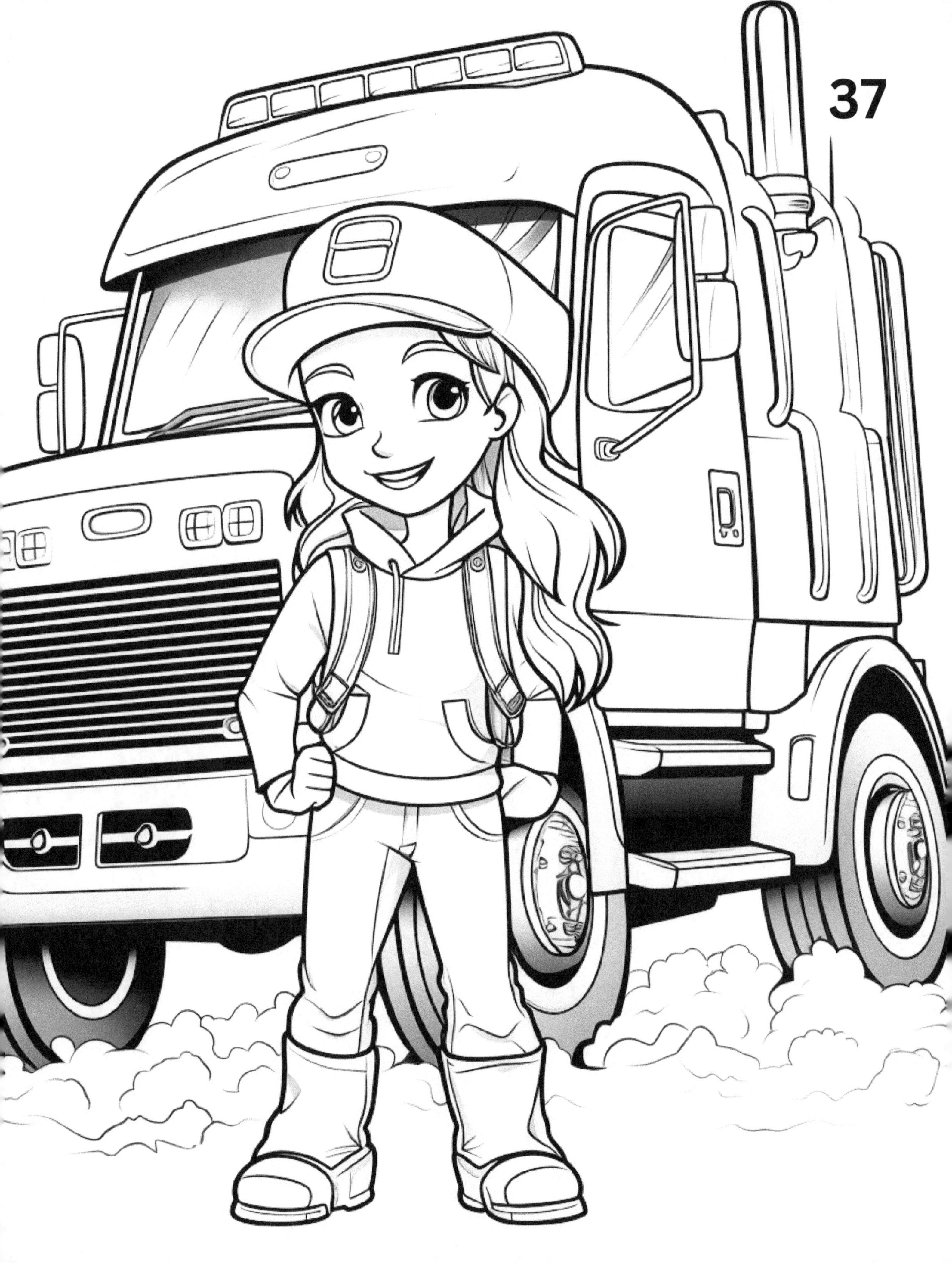

38

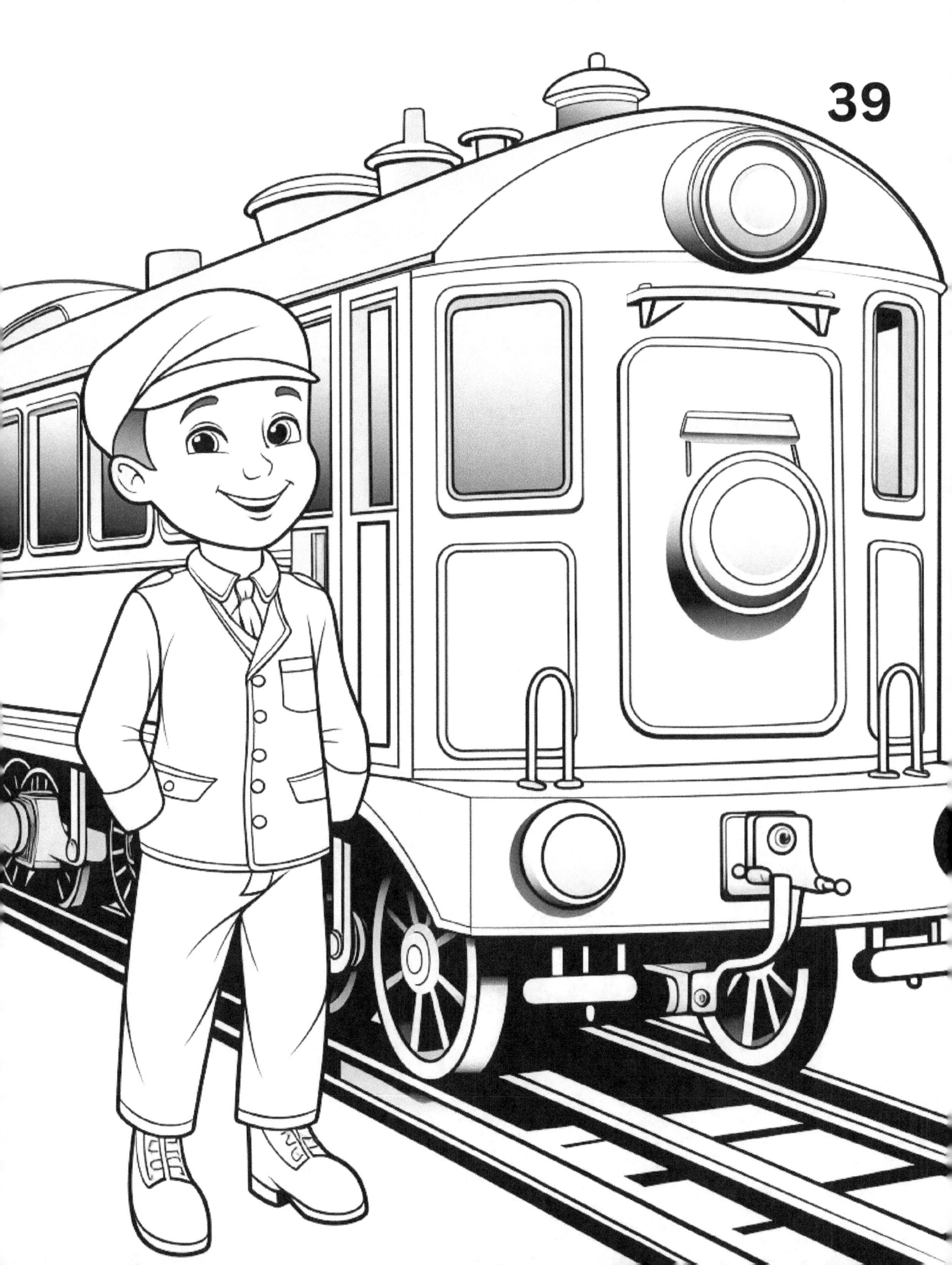
39

40

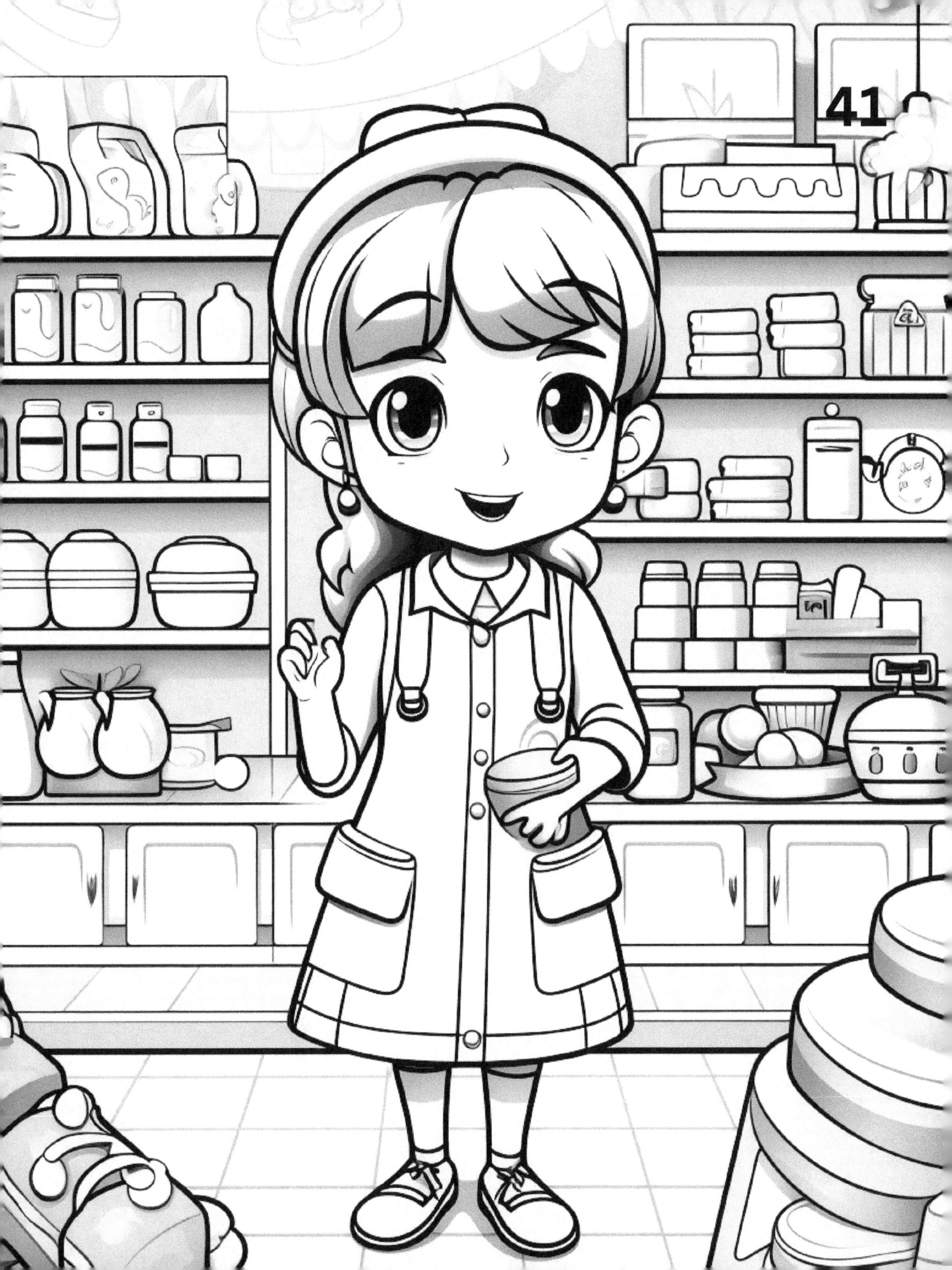
41

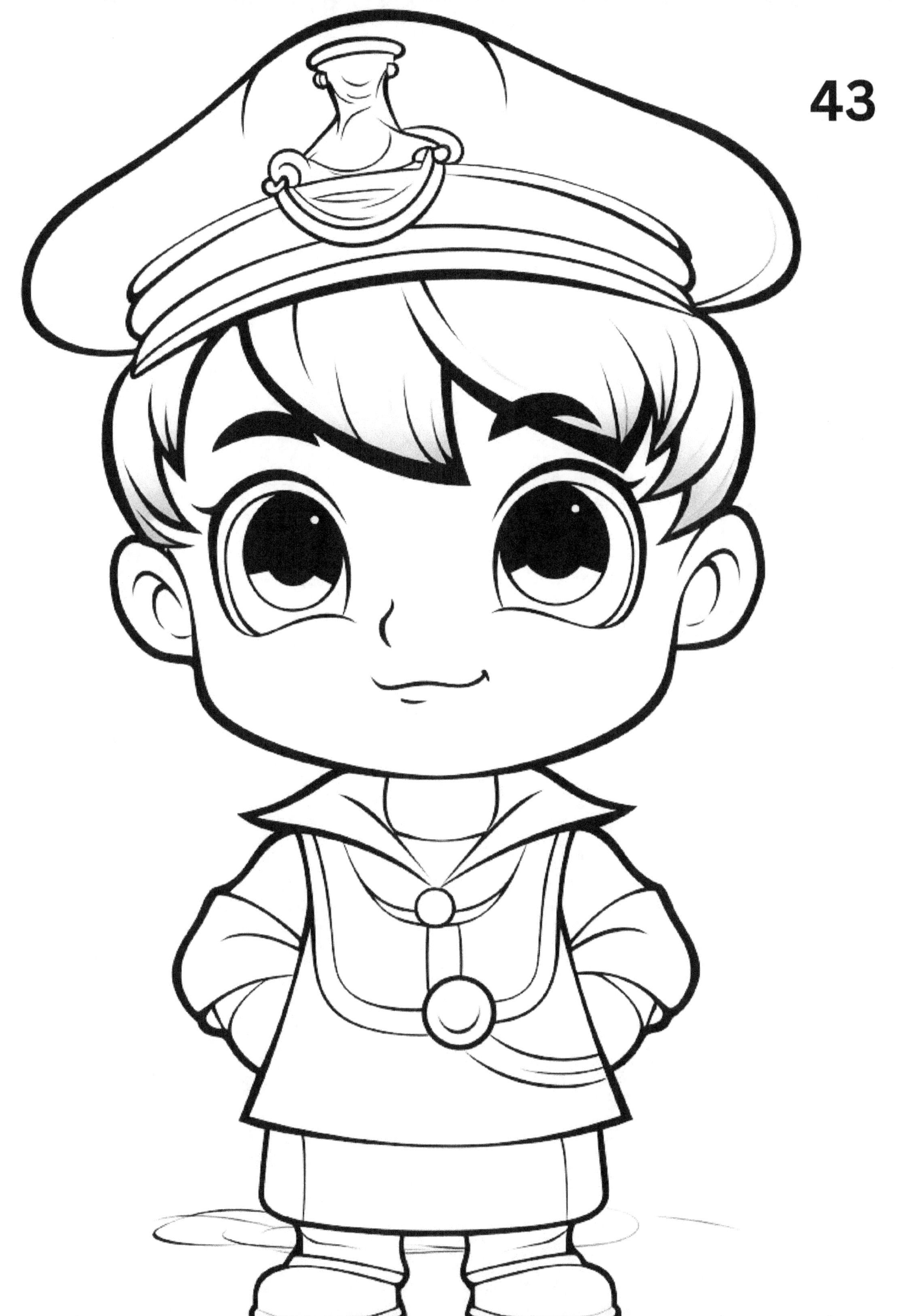

44

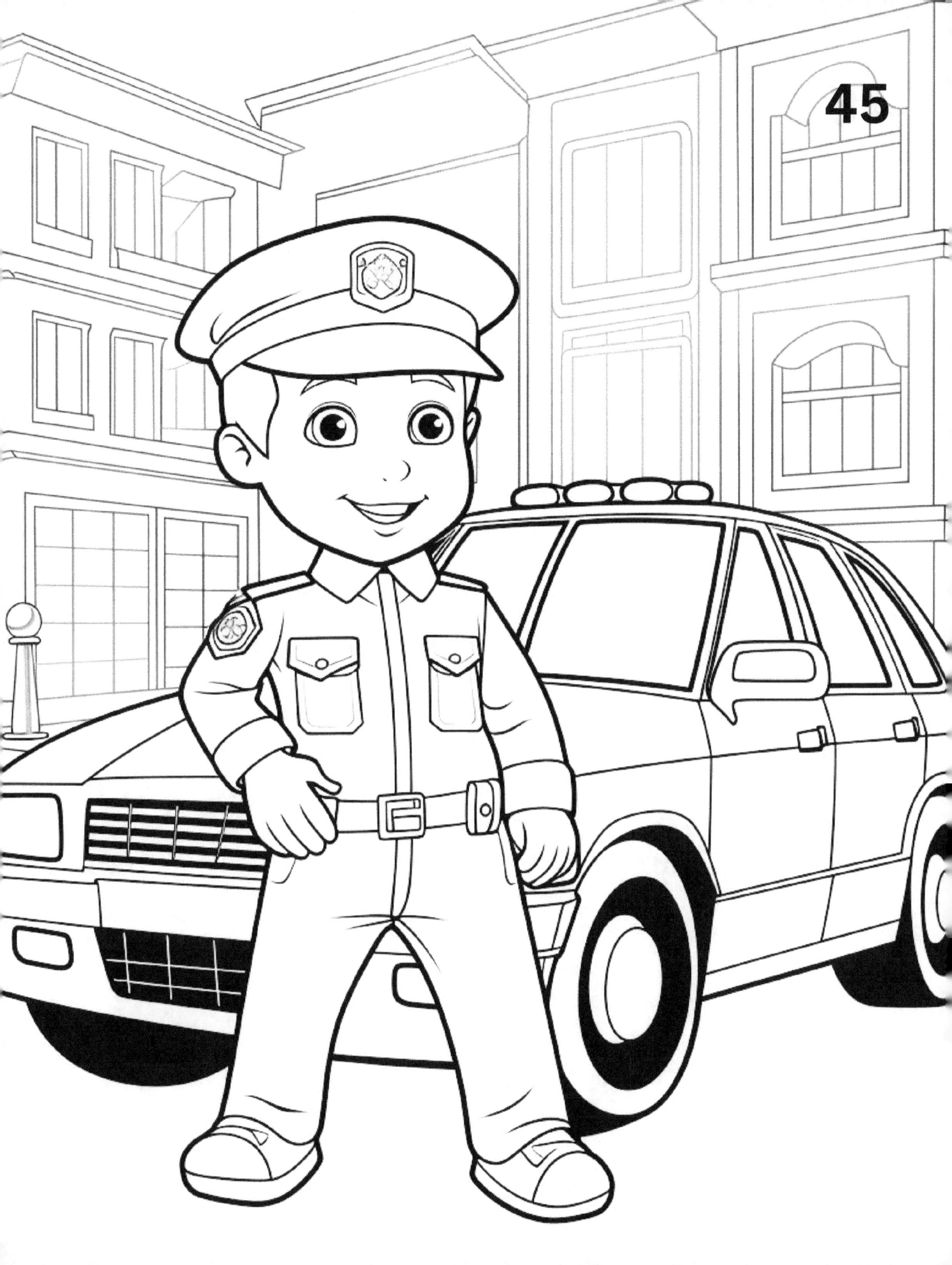

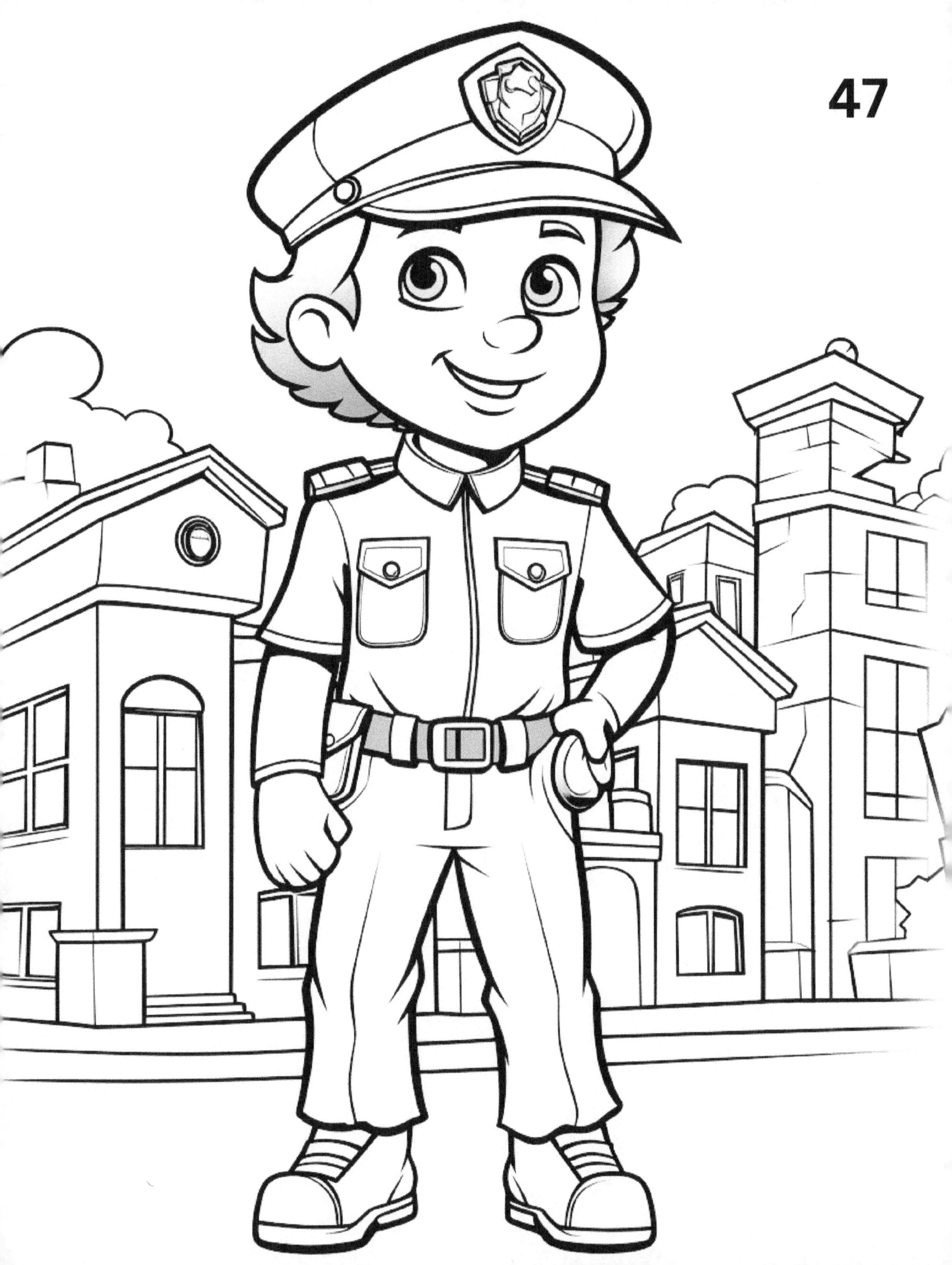

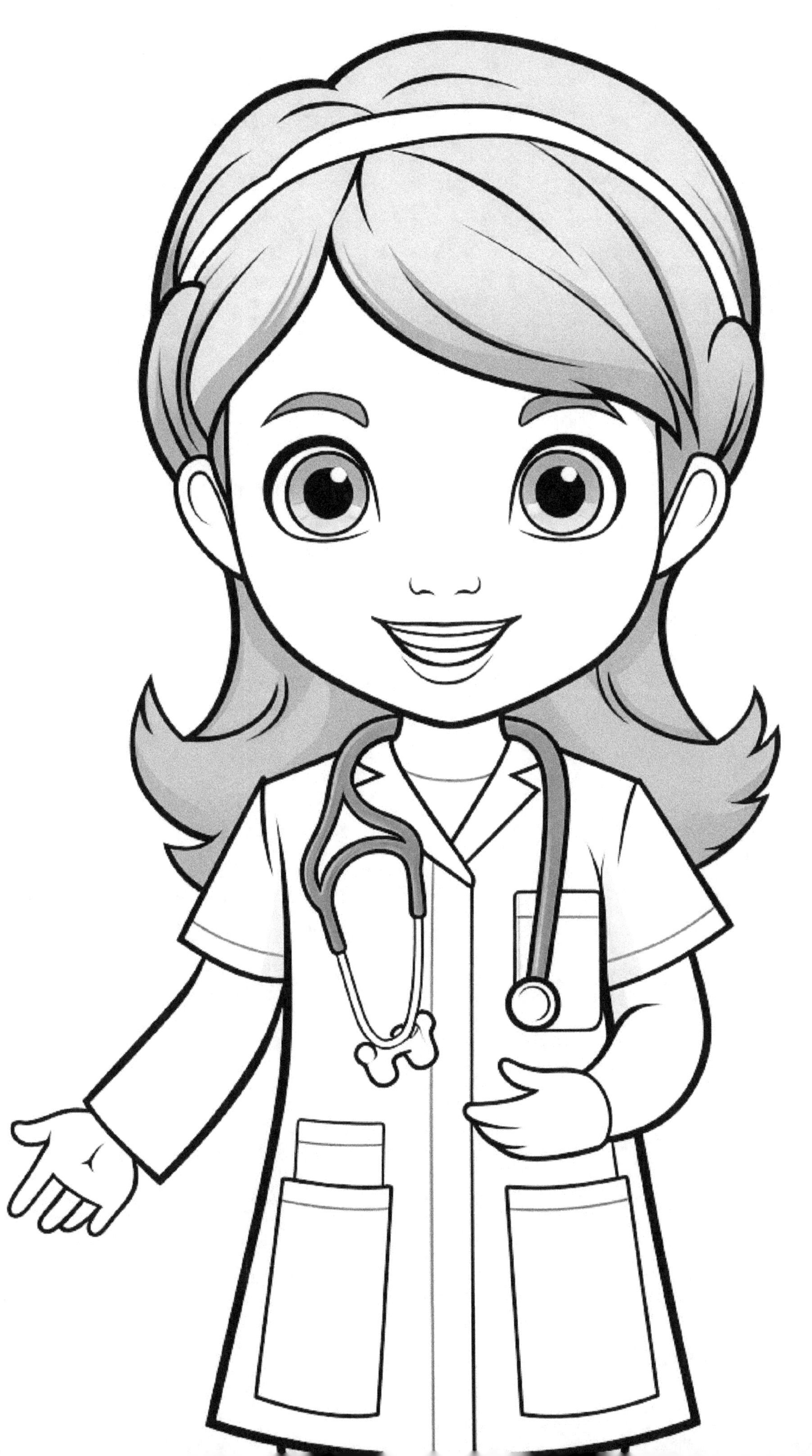

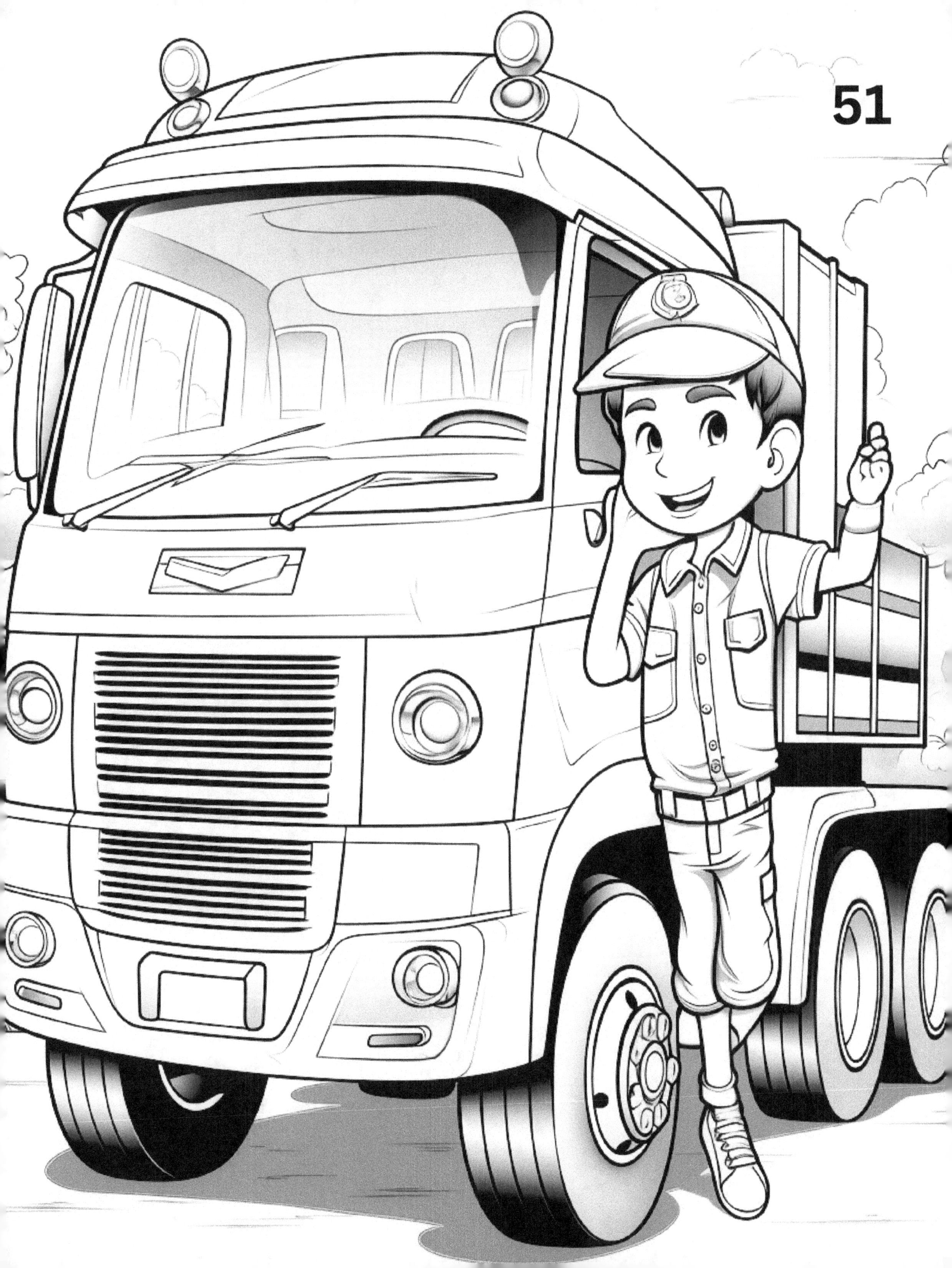

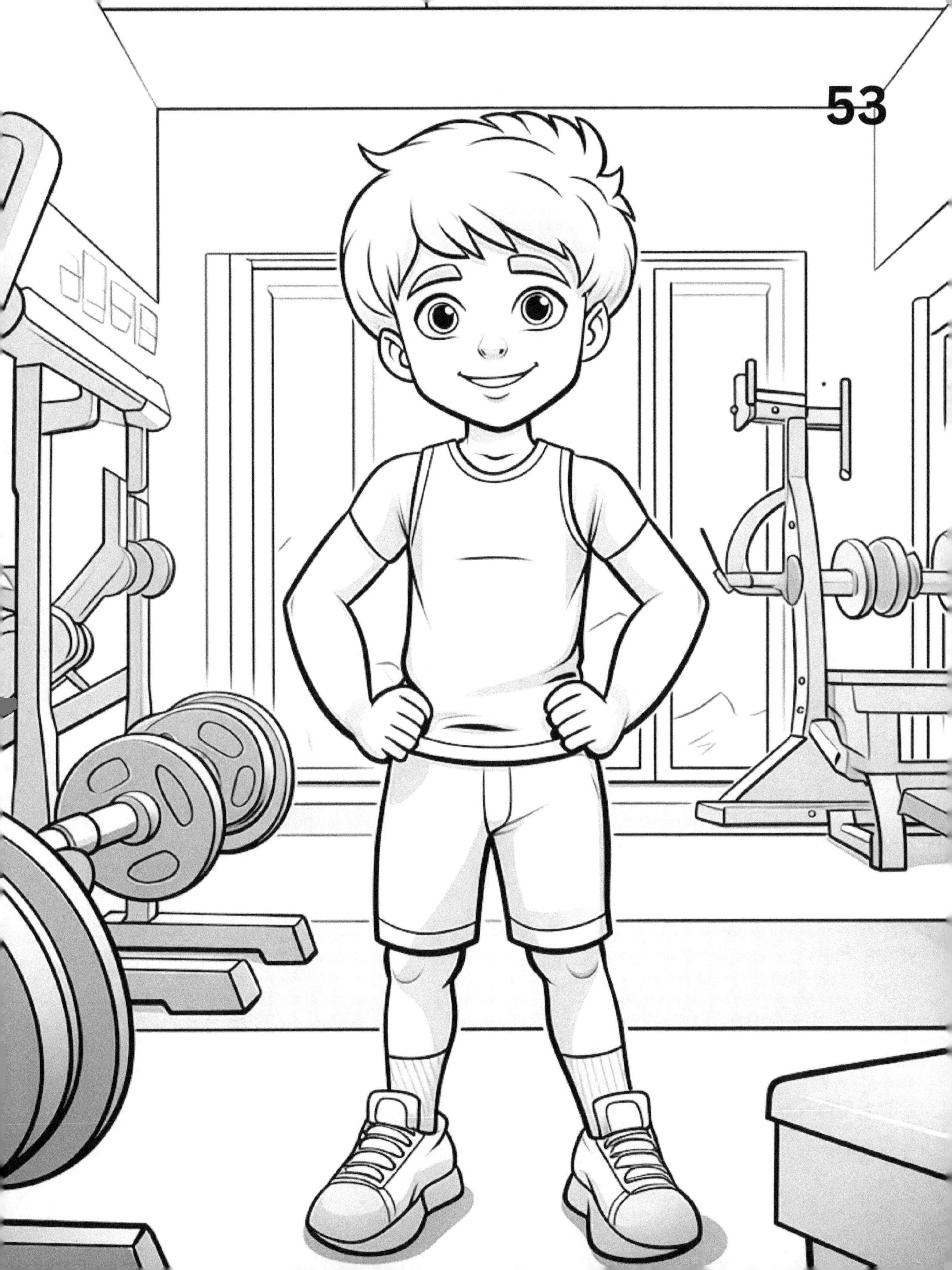

54

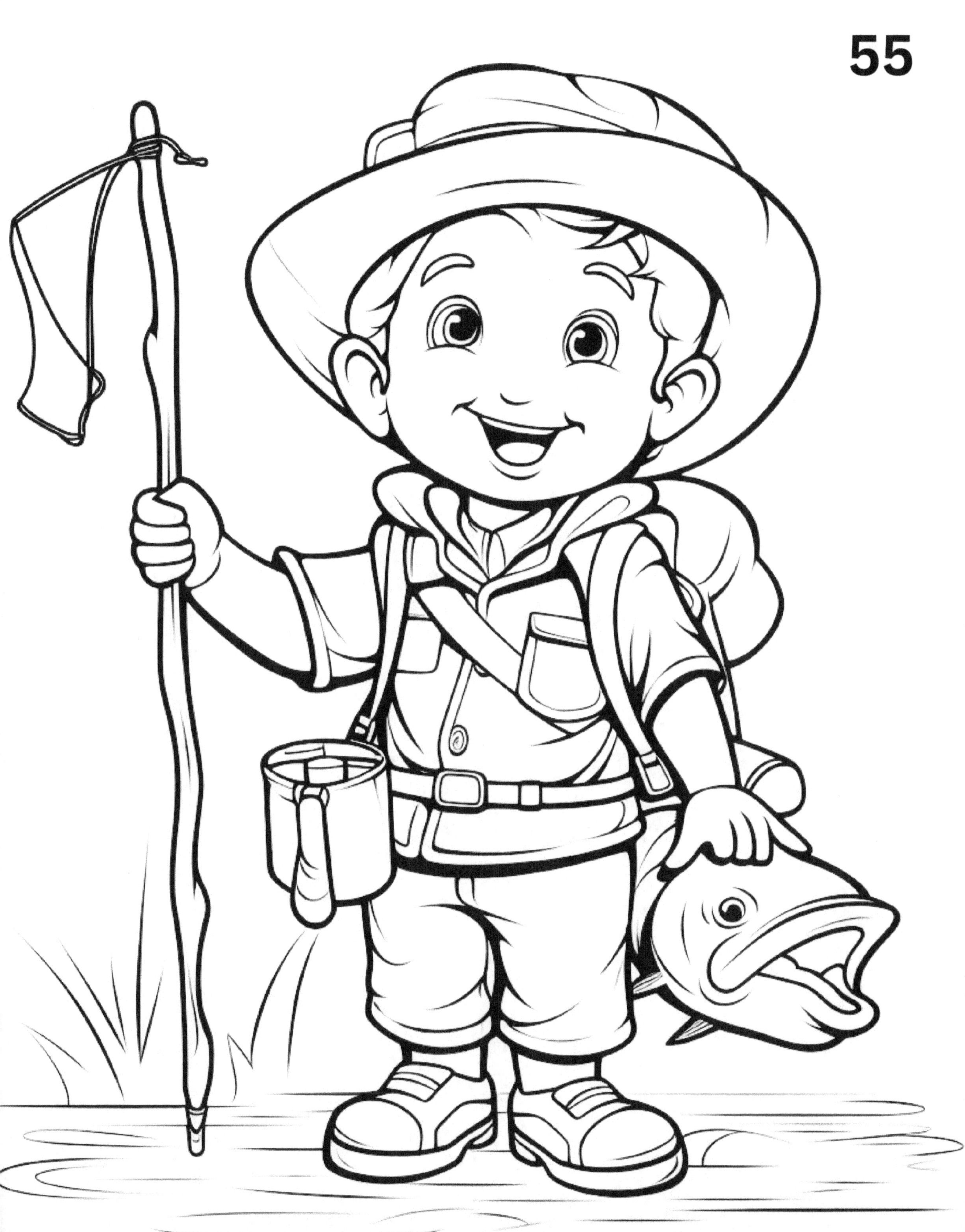

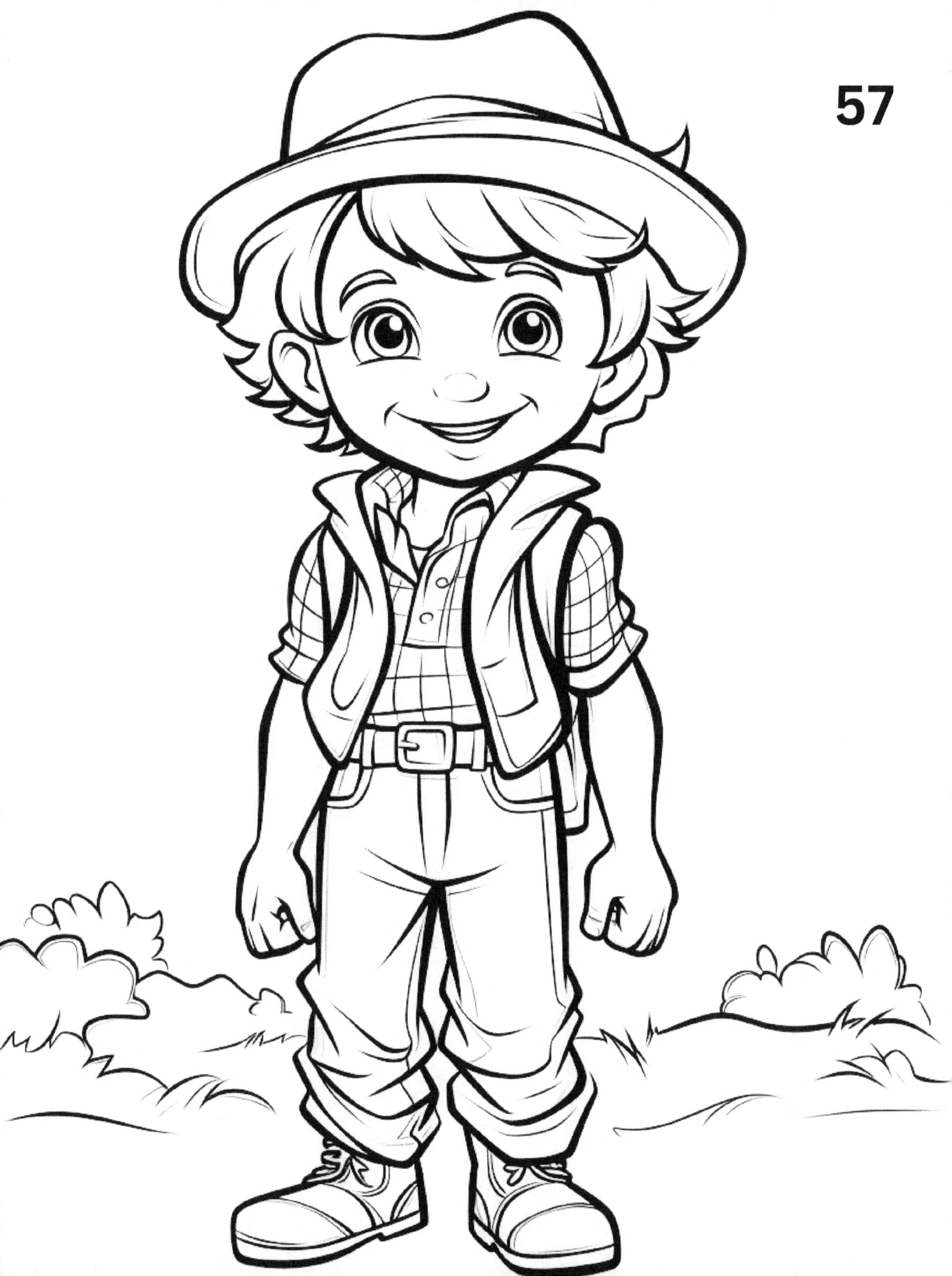

58

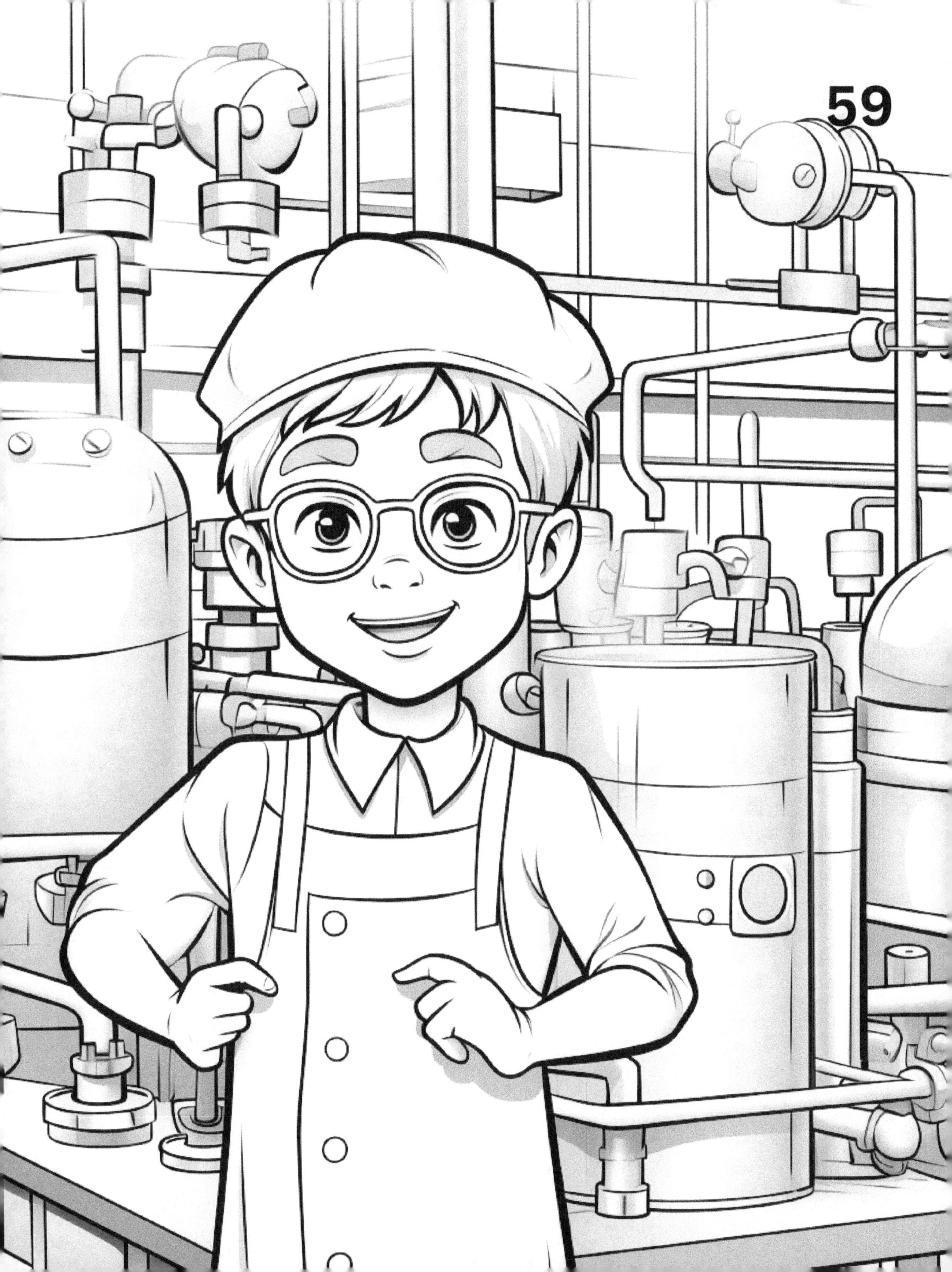
59

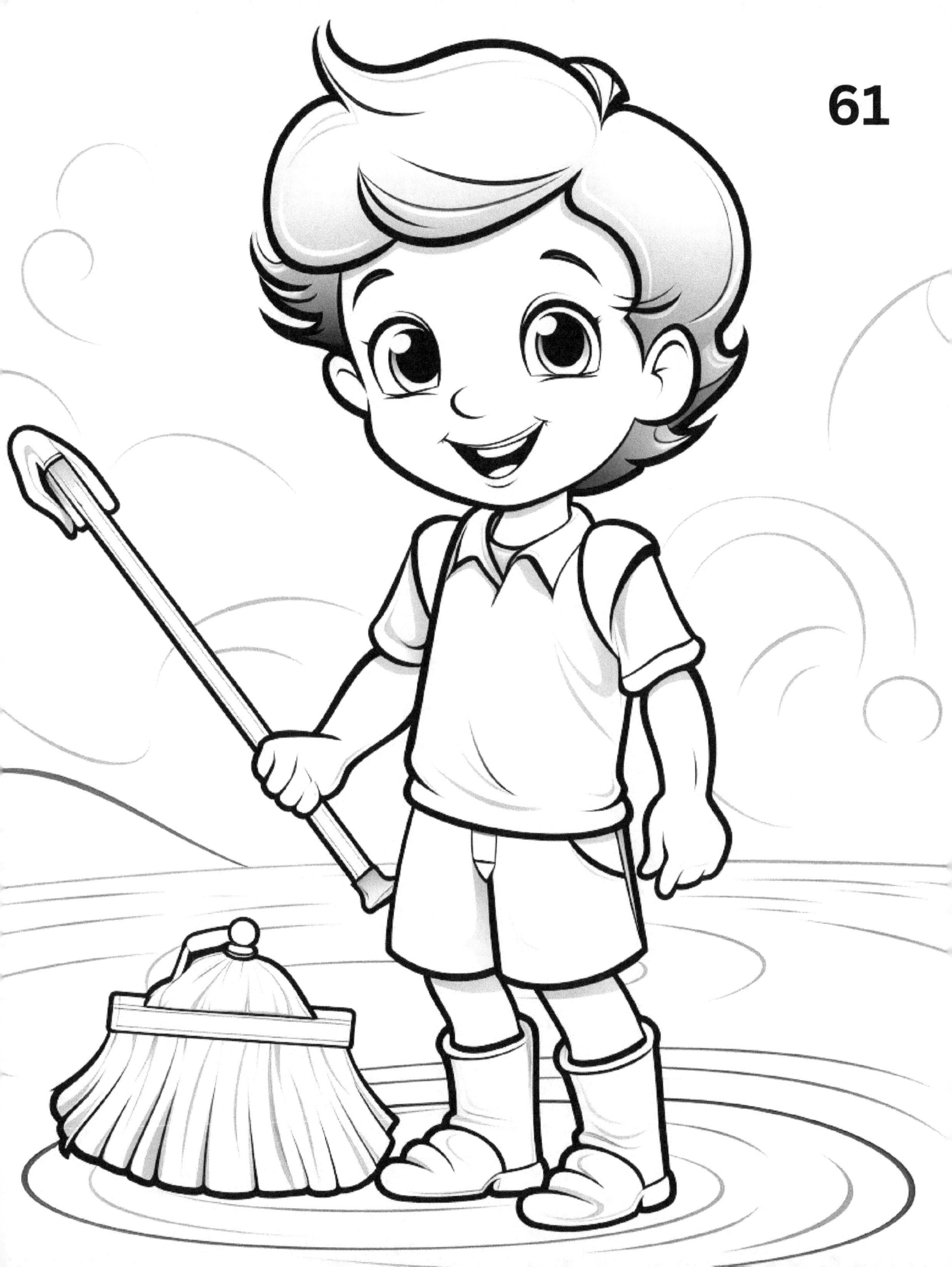

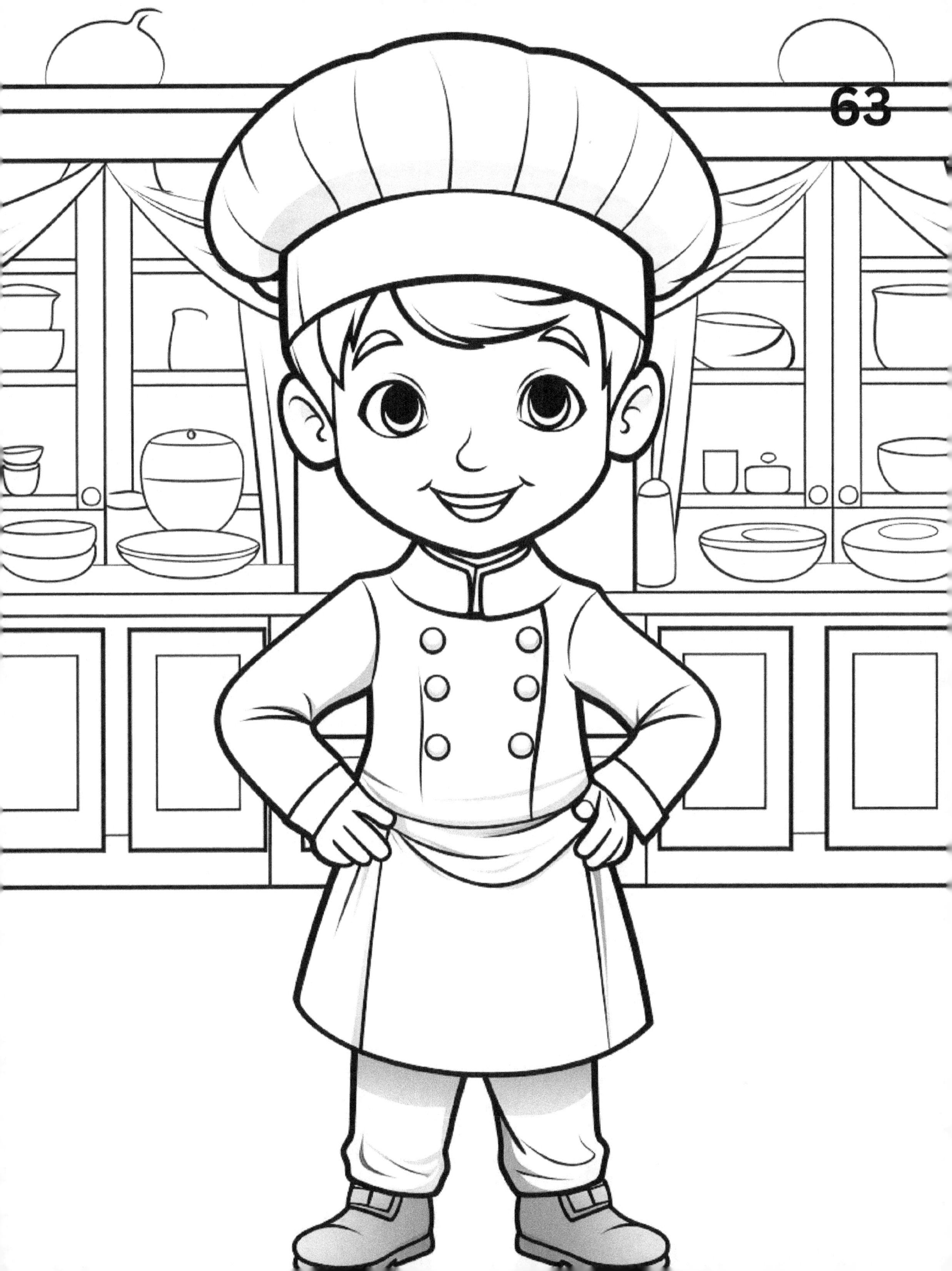

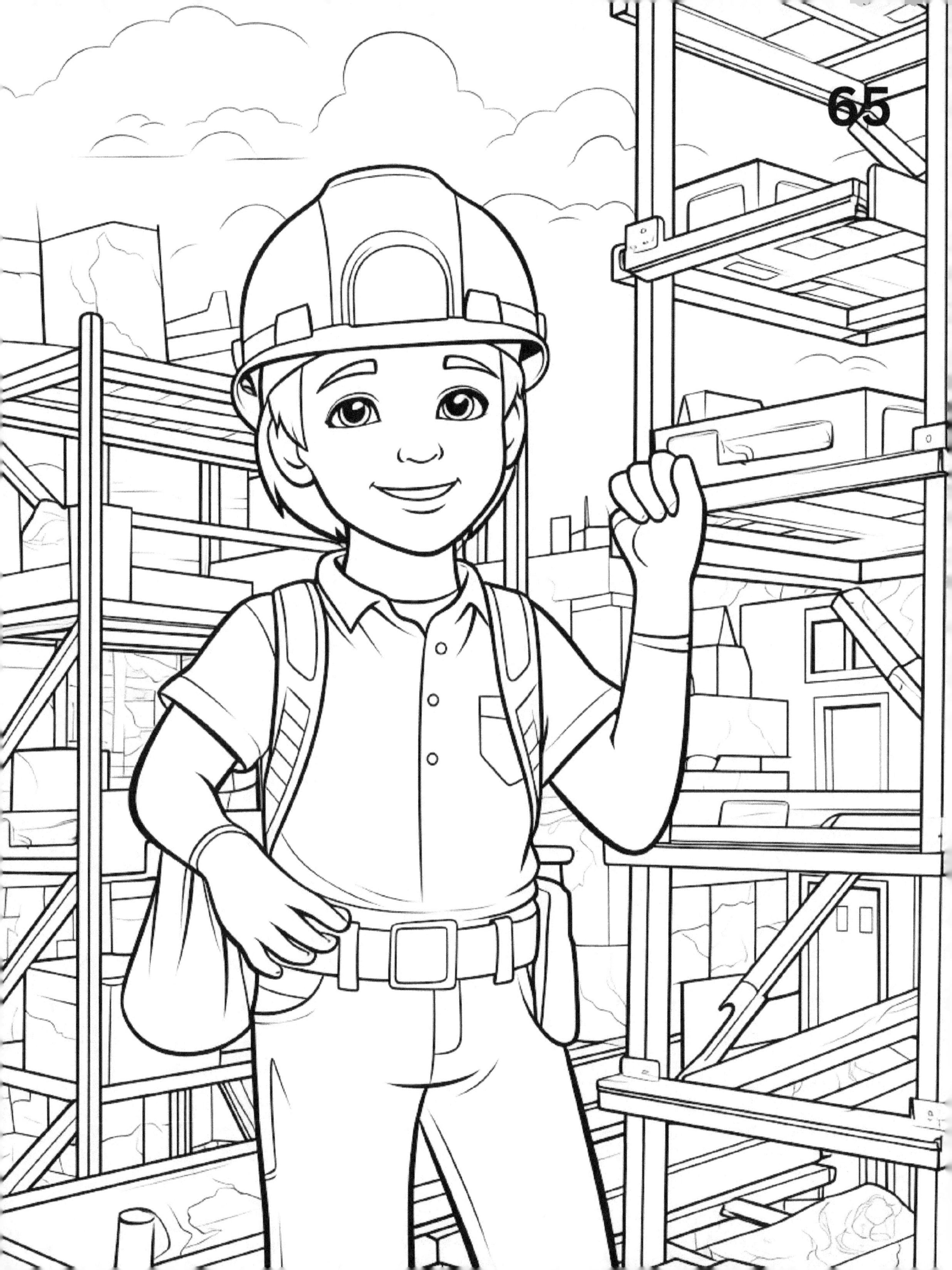

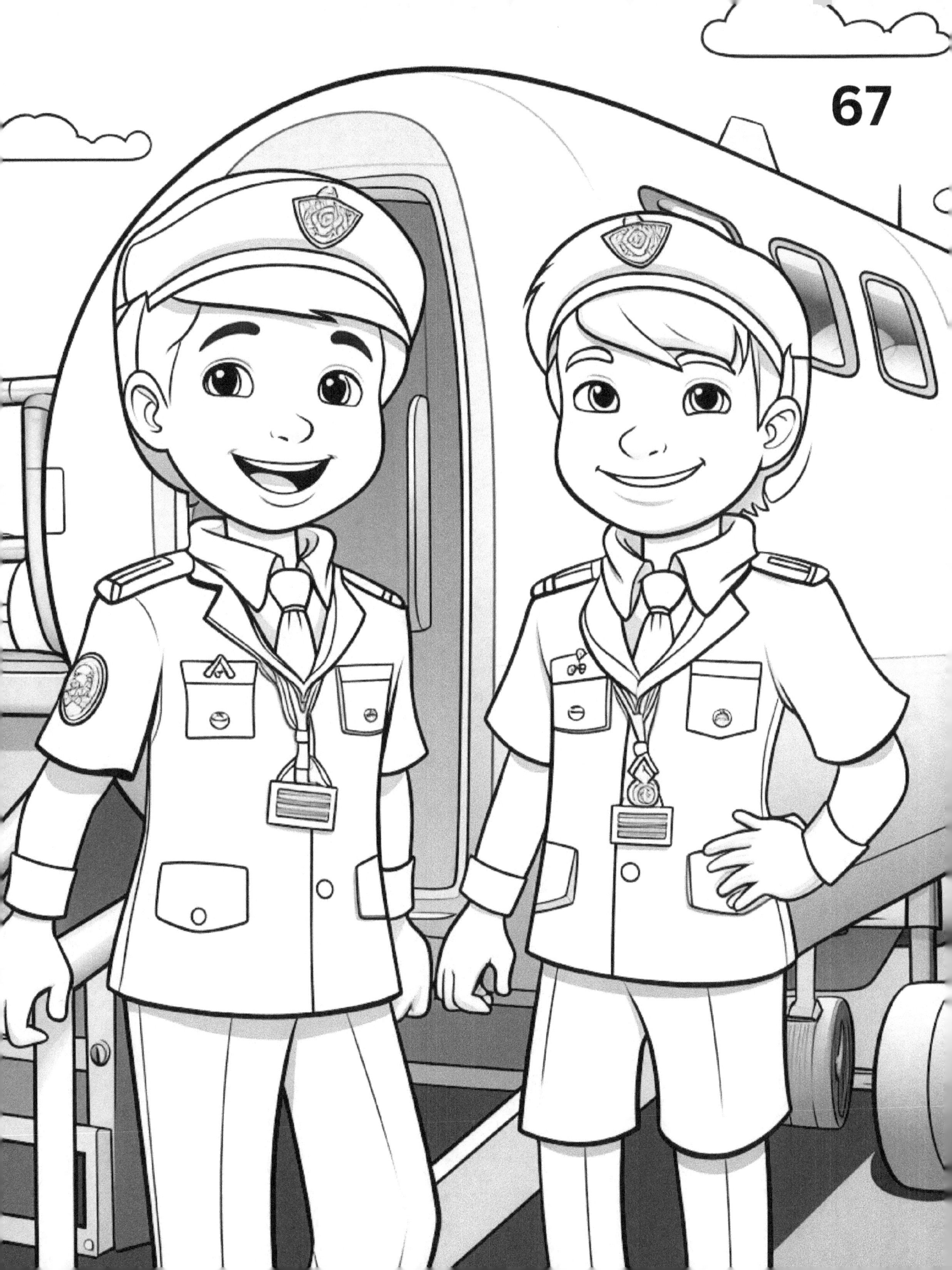

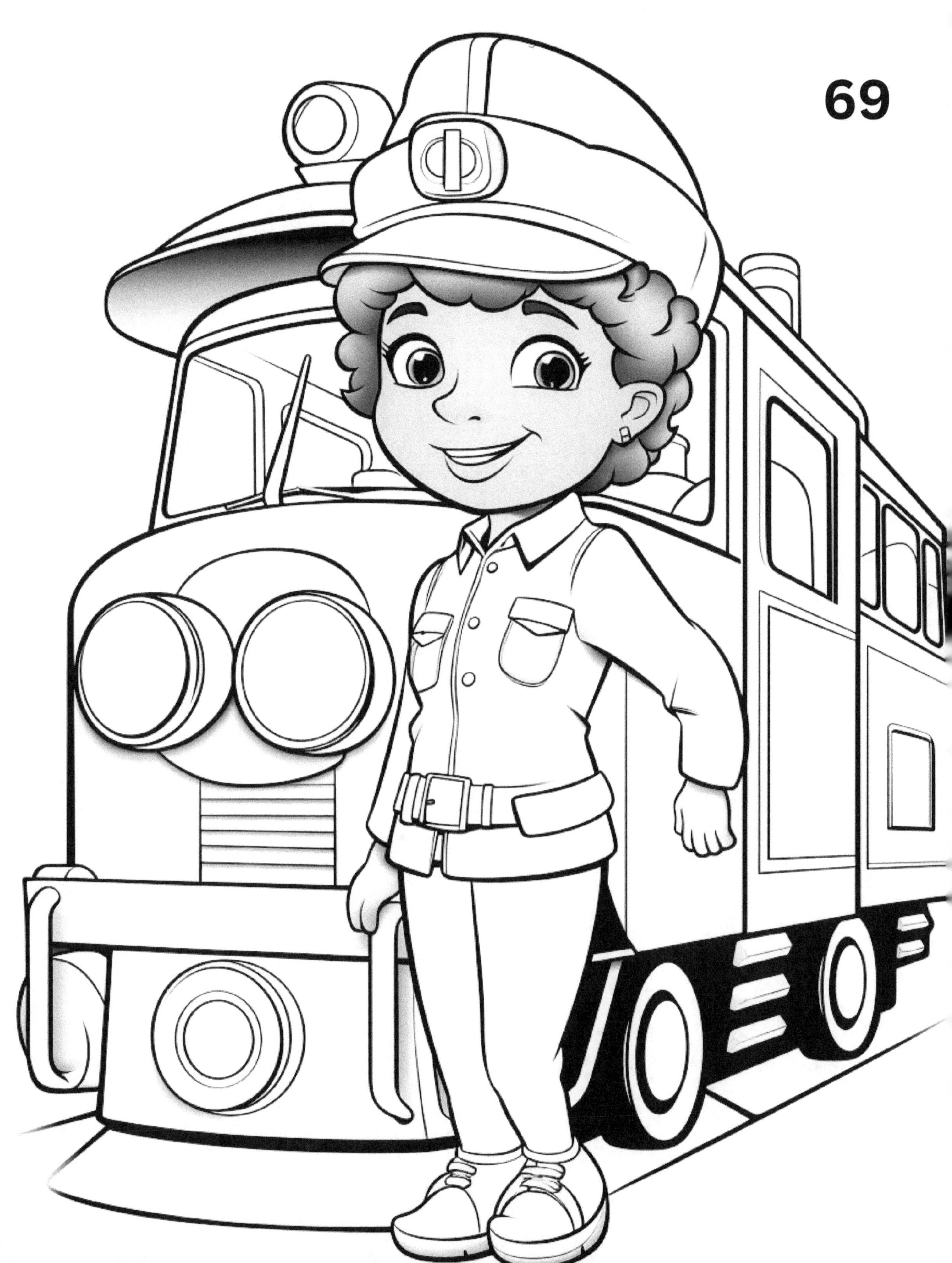

70

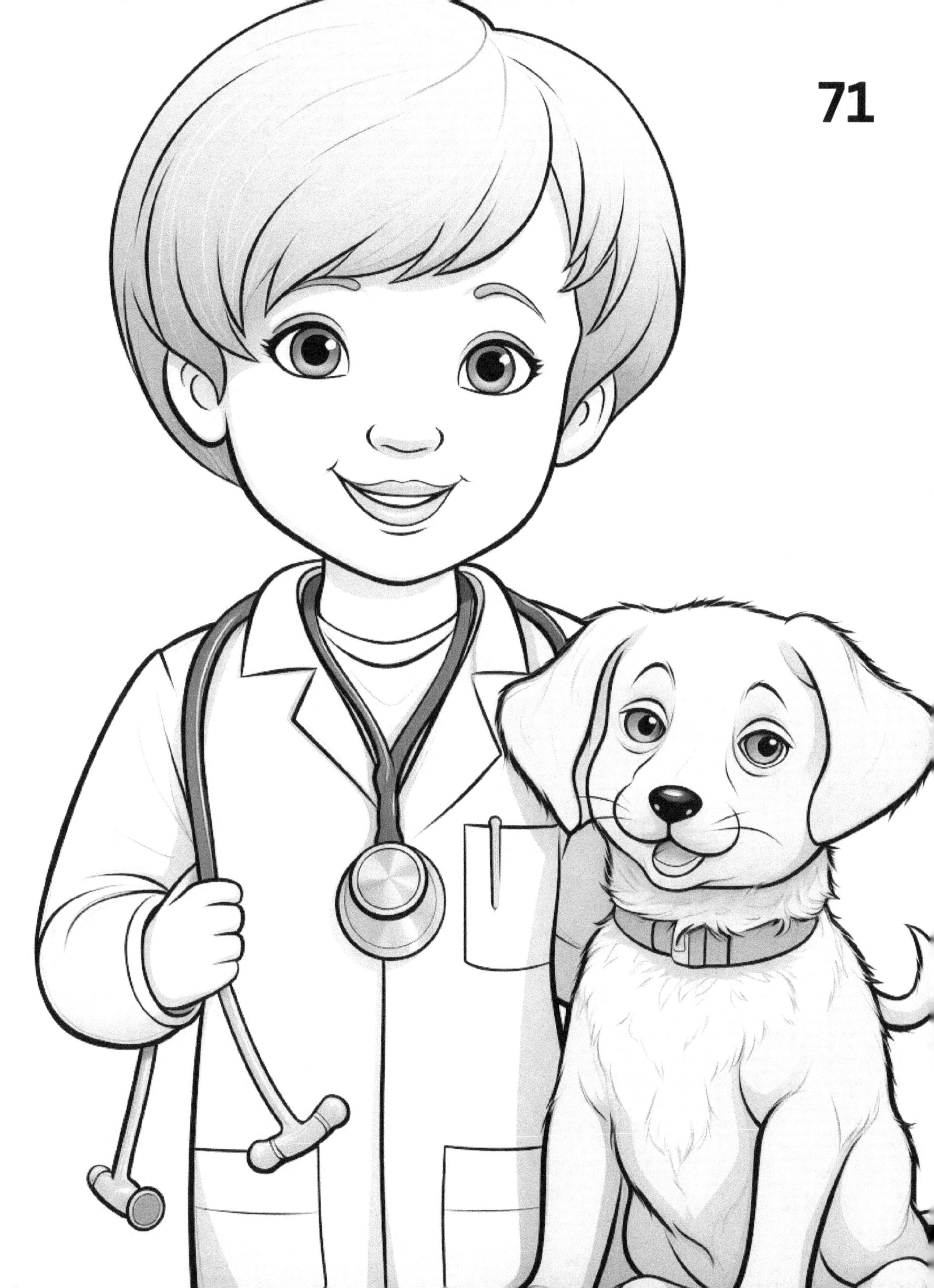

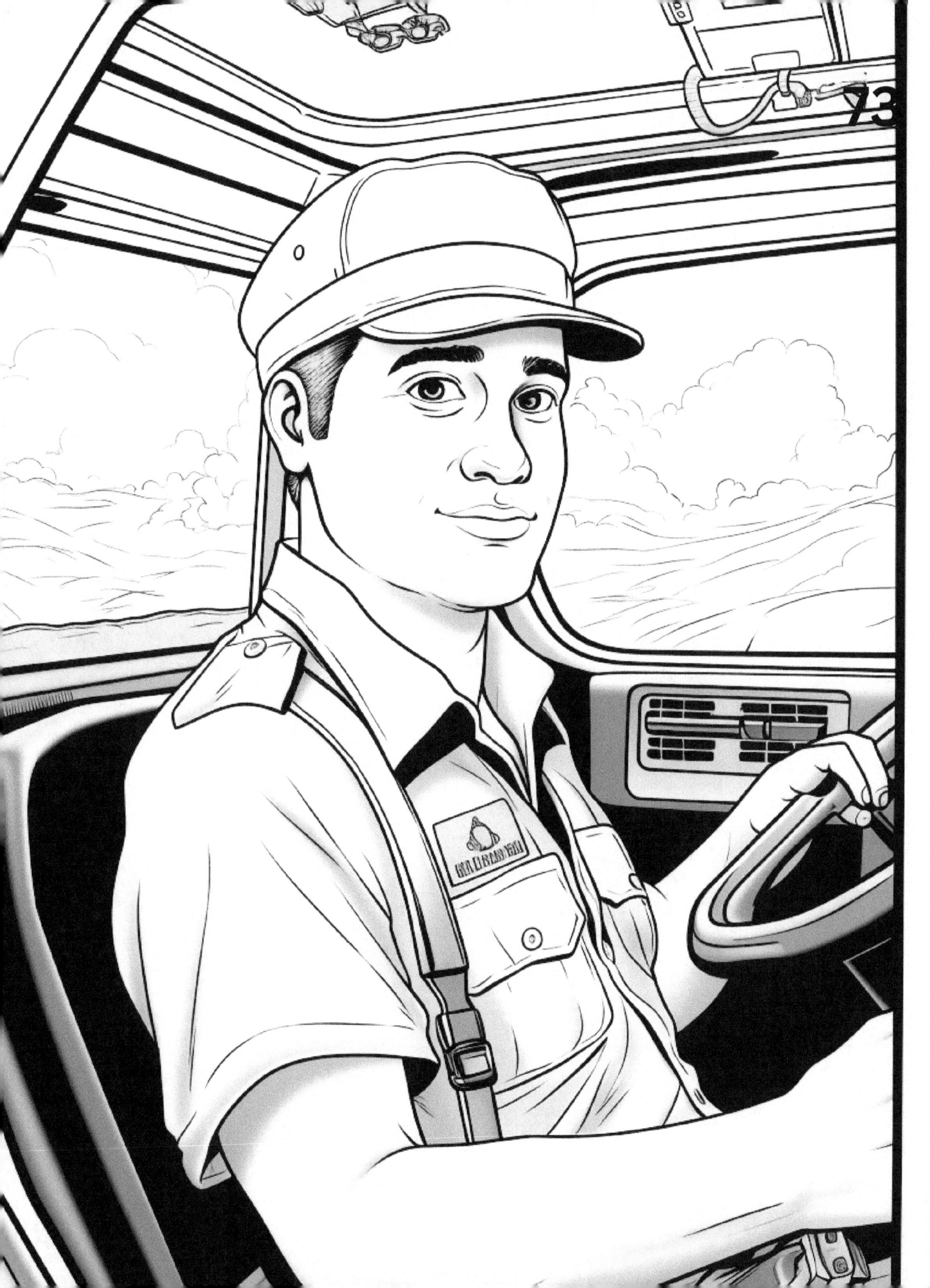

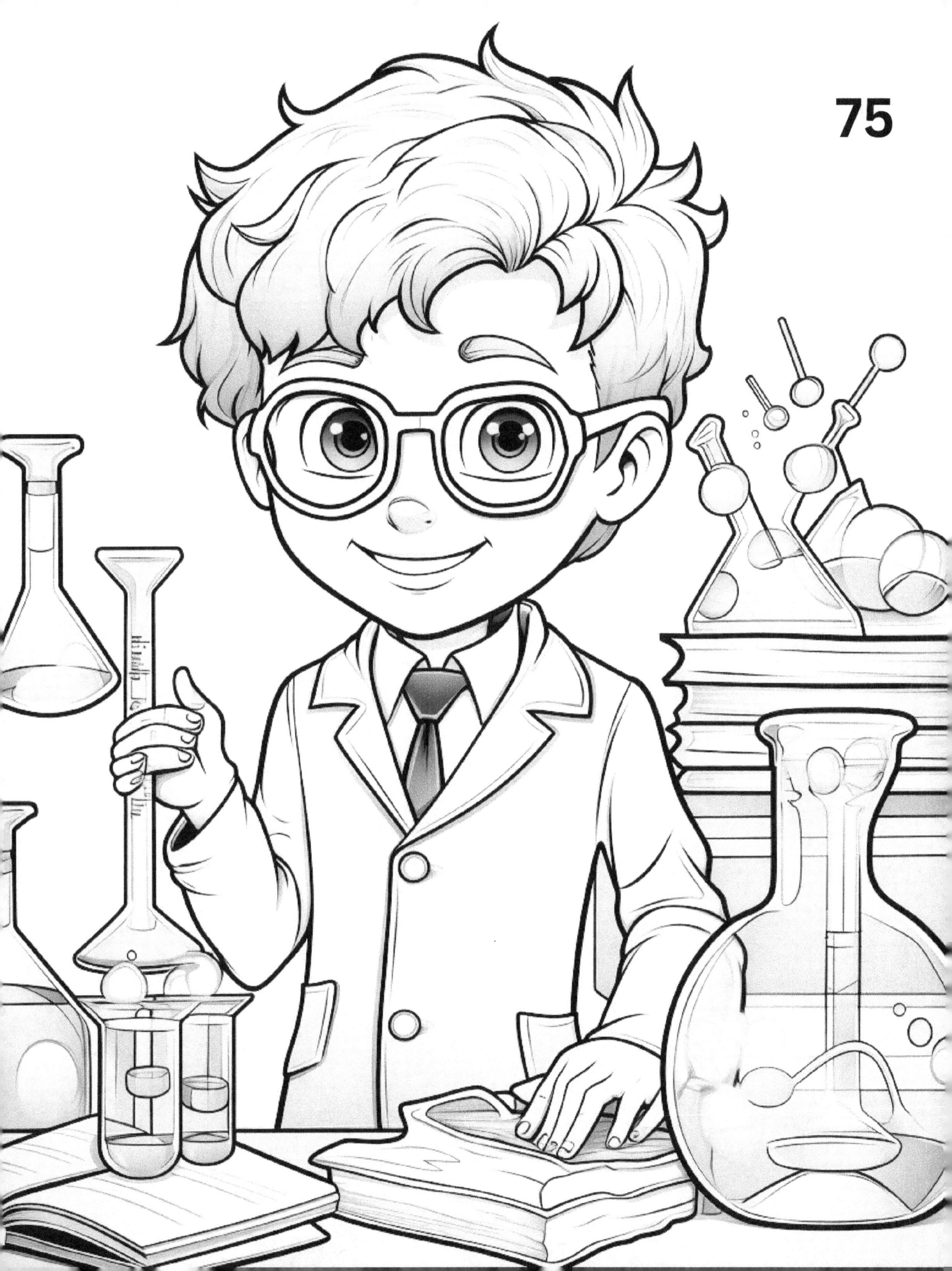

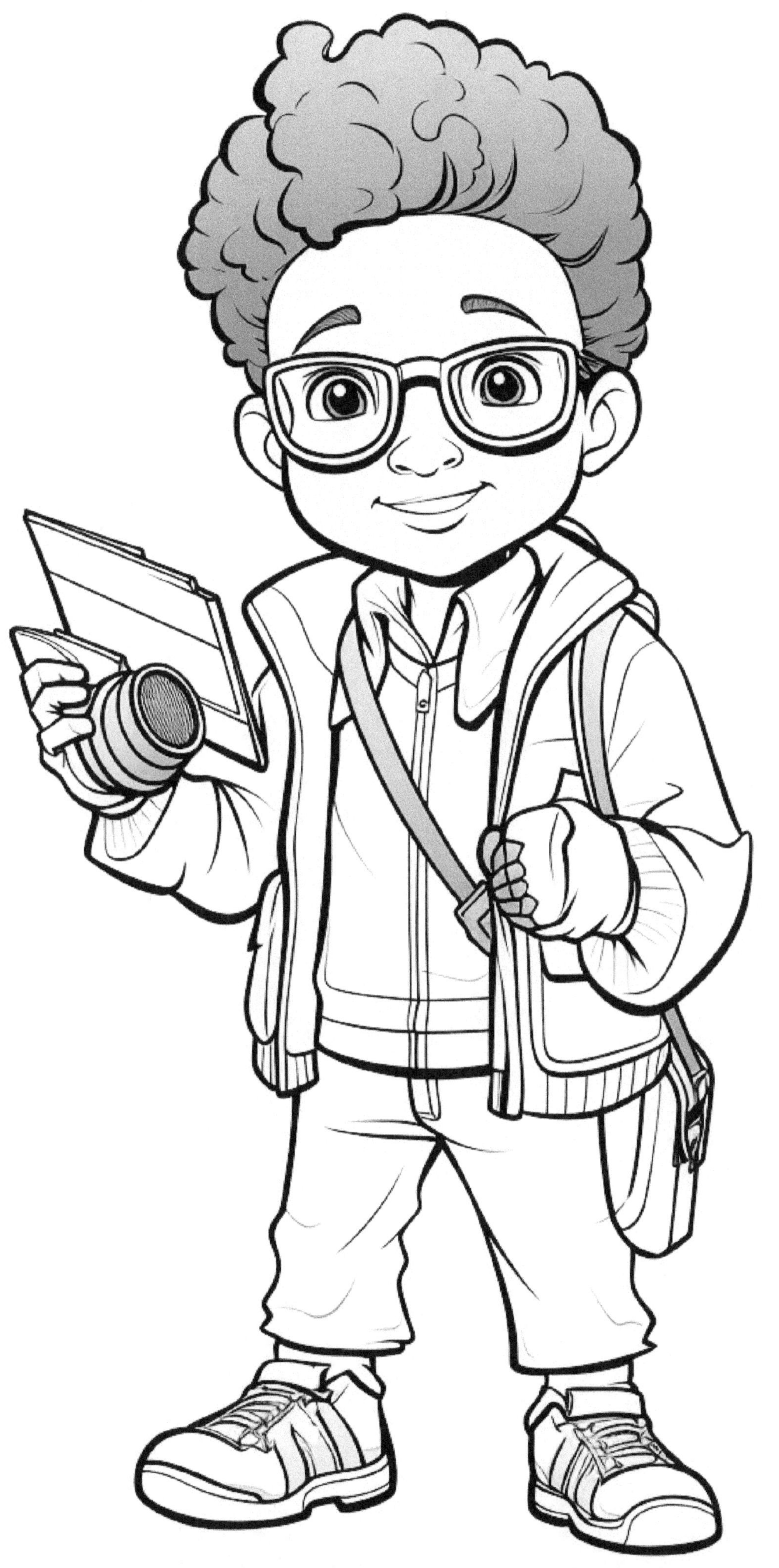

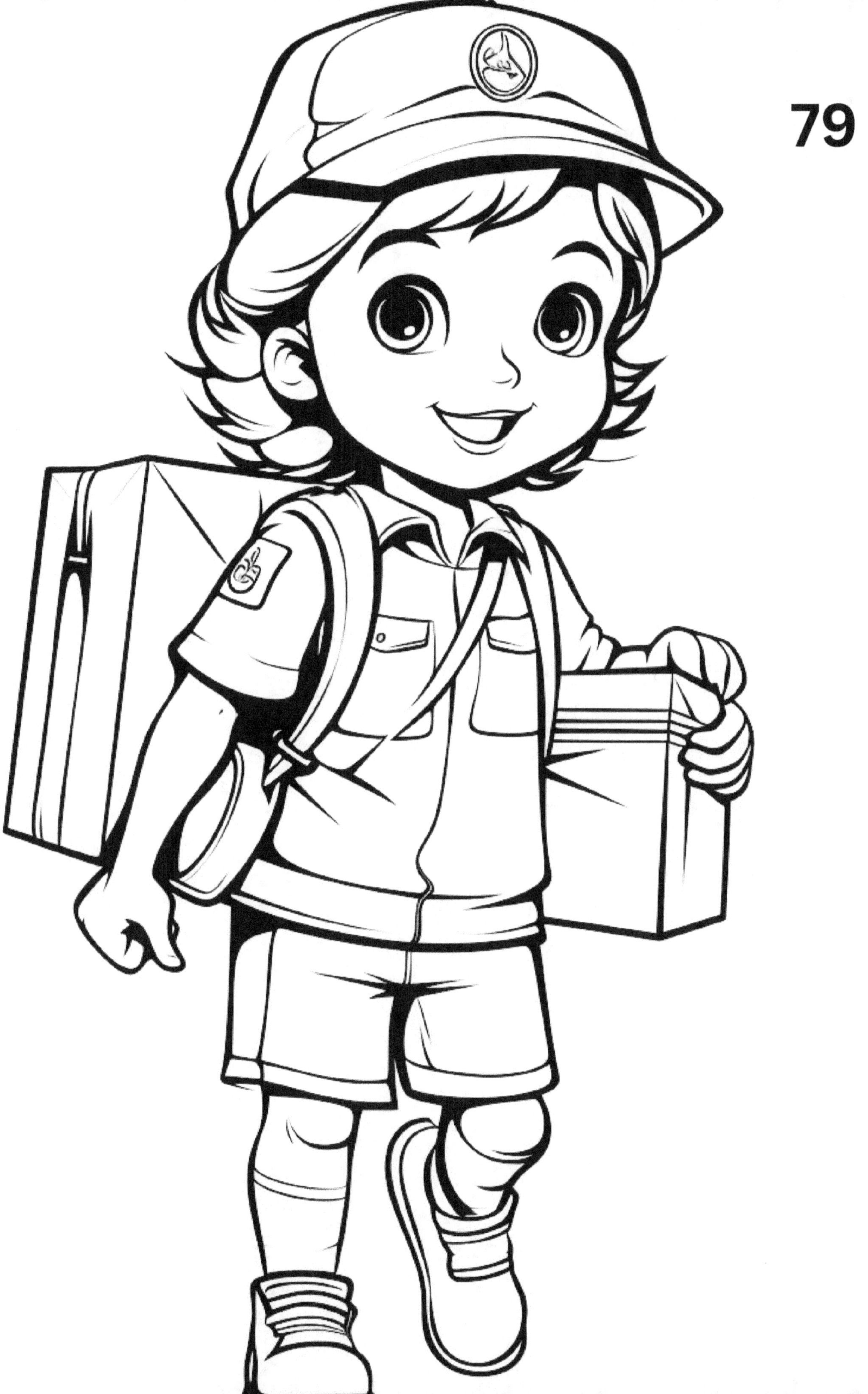

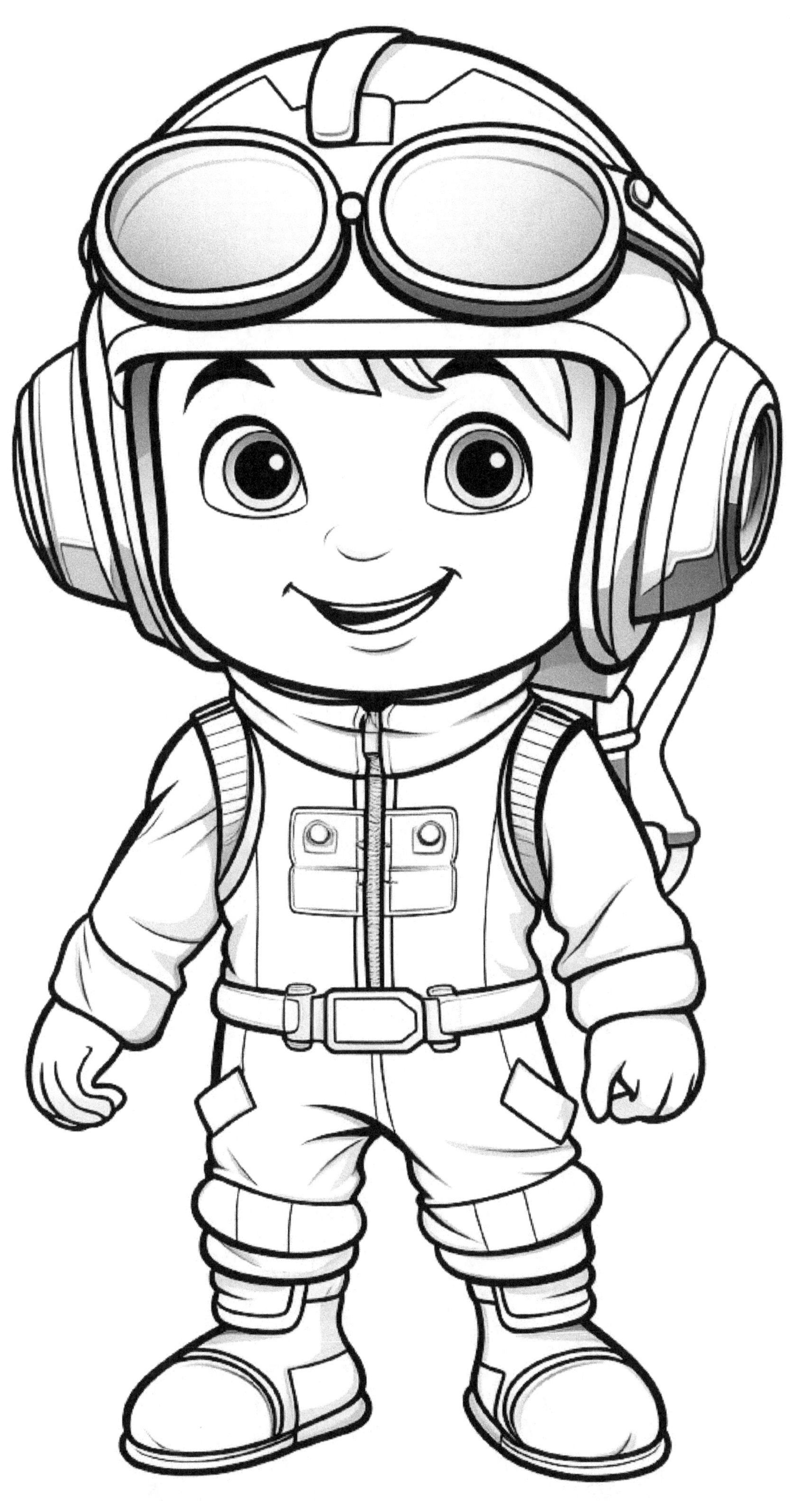

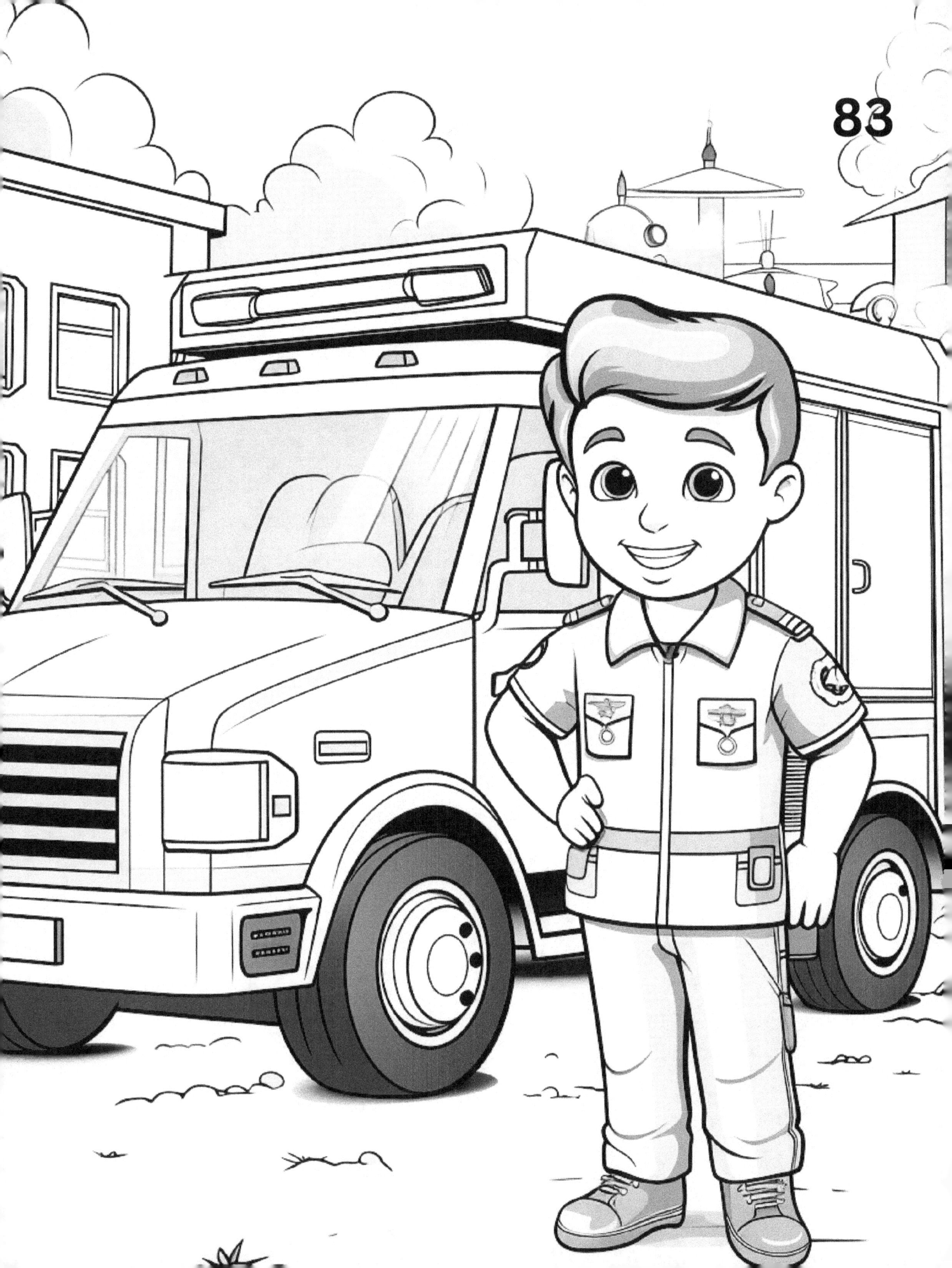

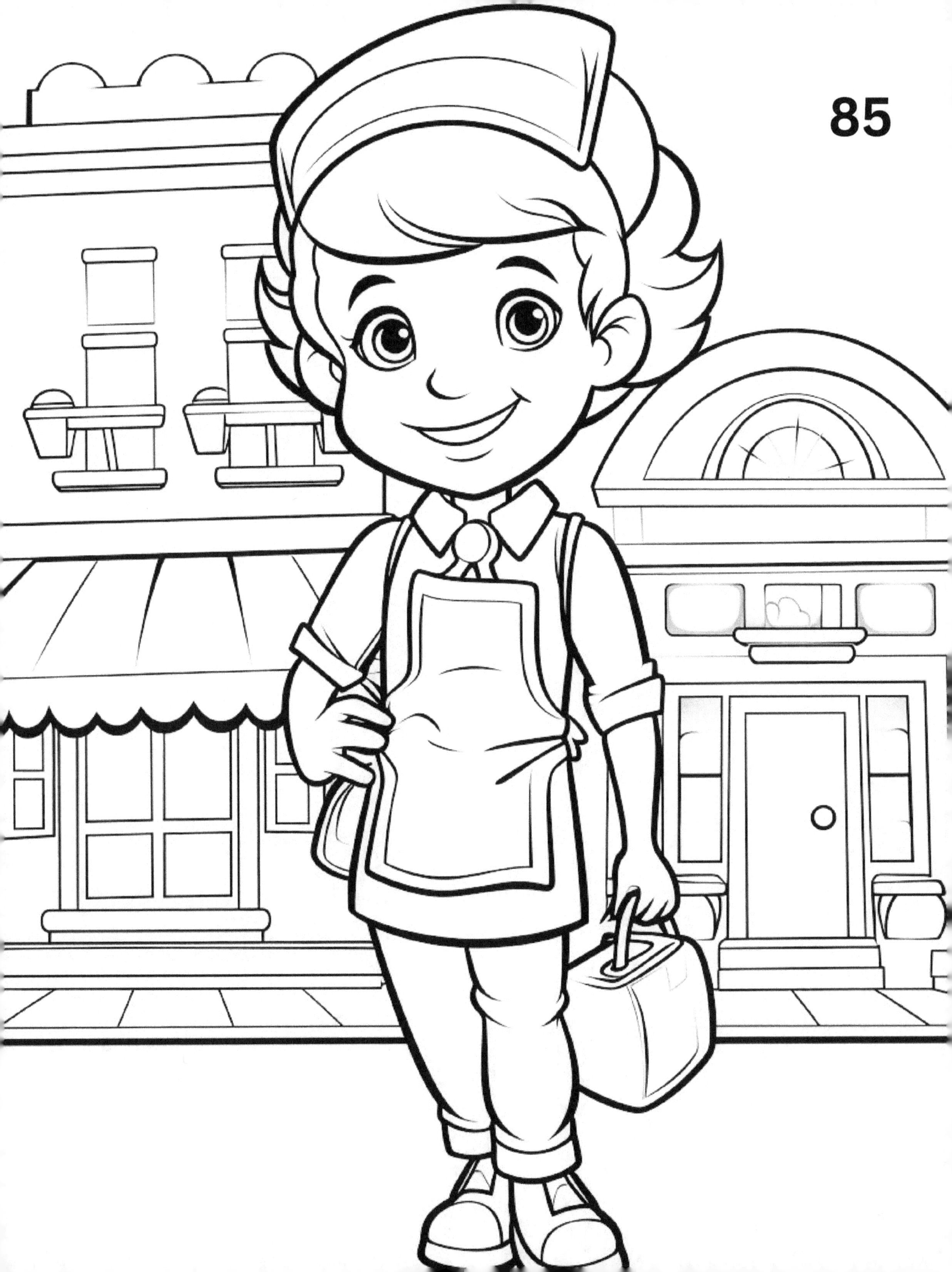

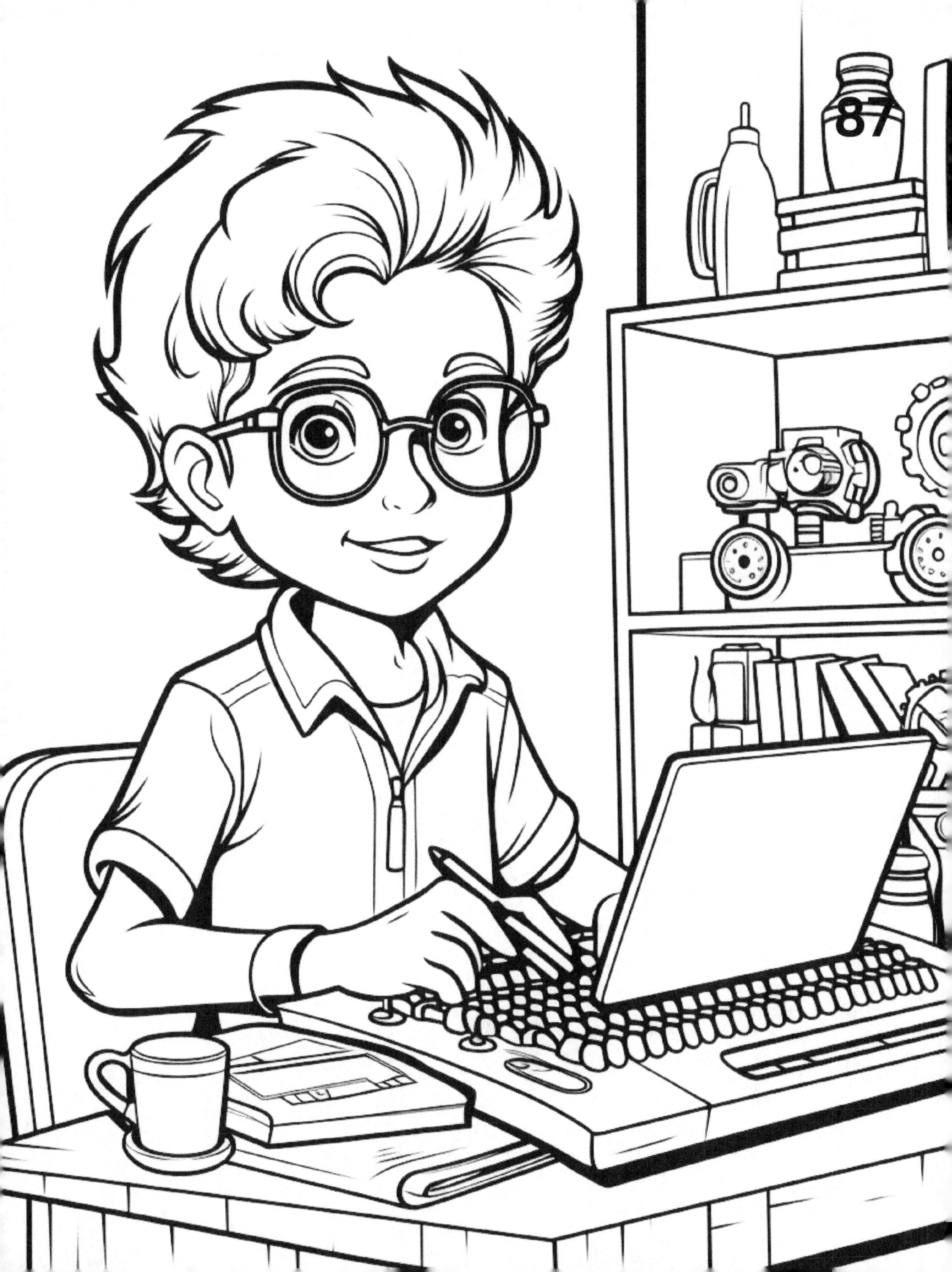

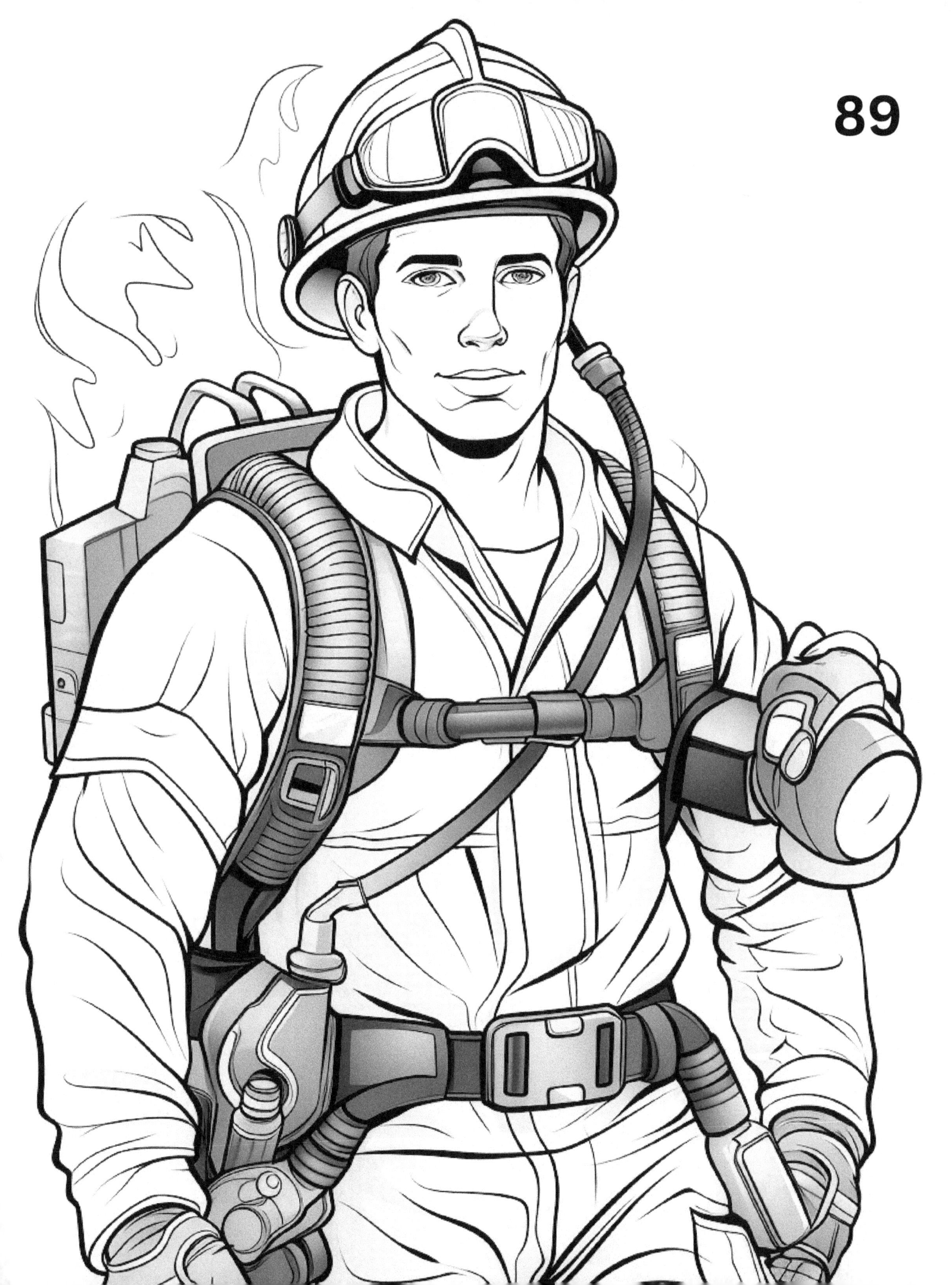

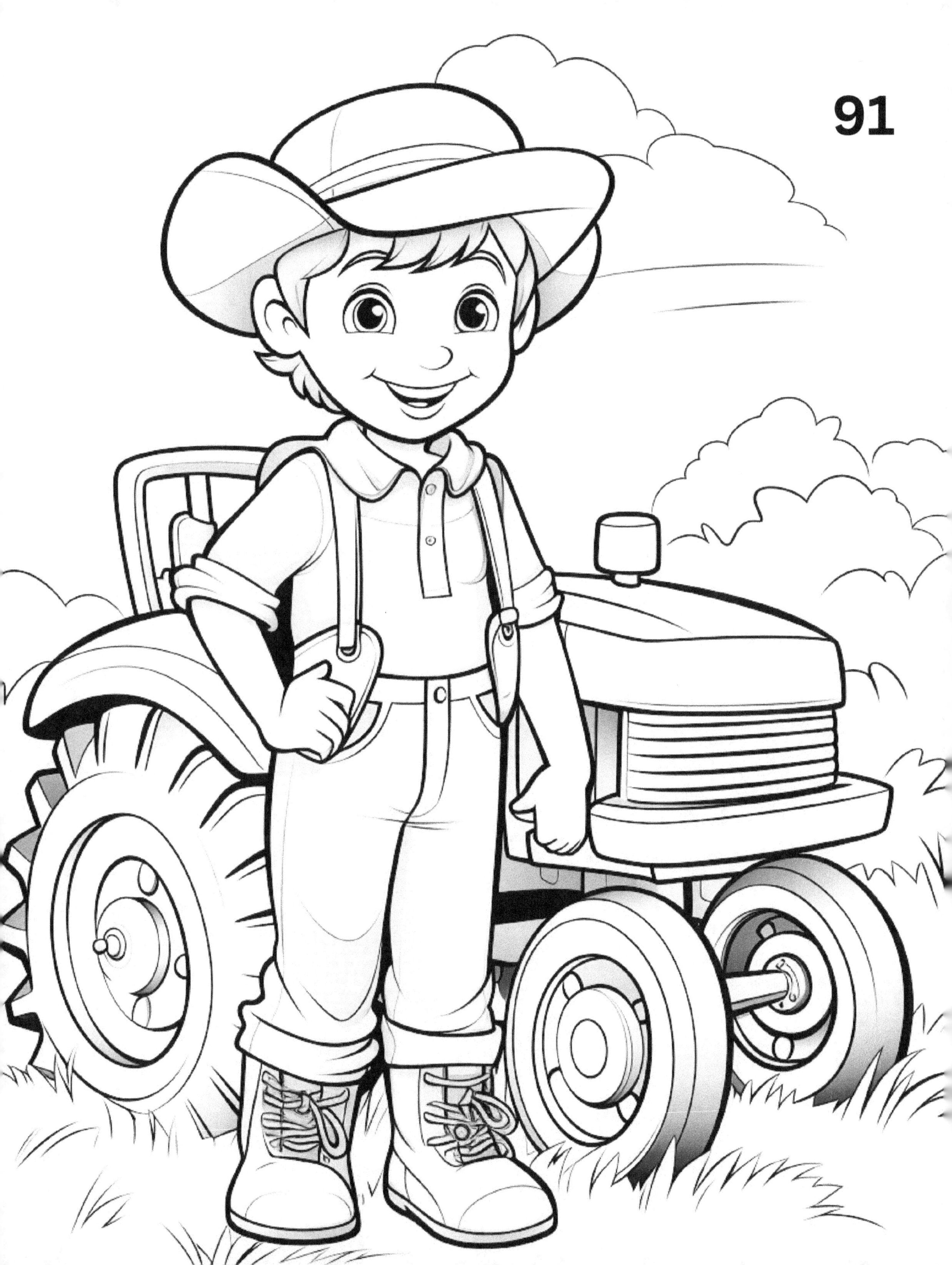

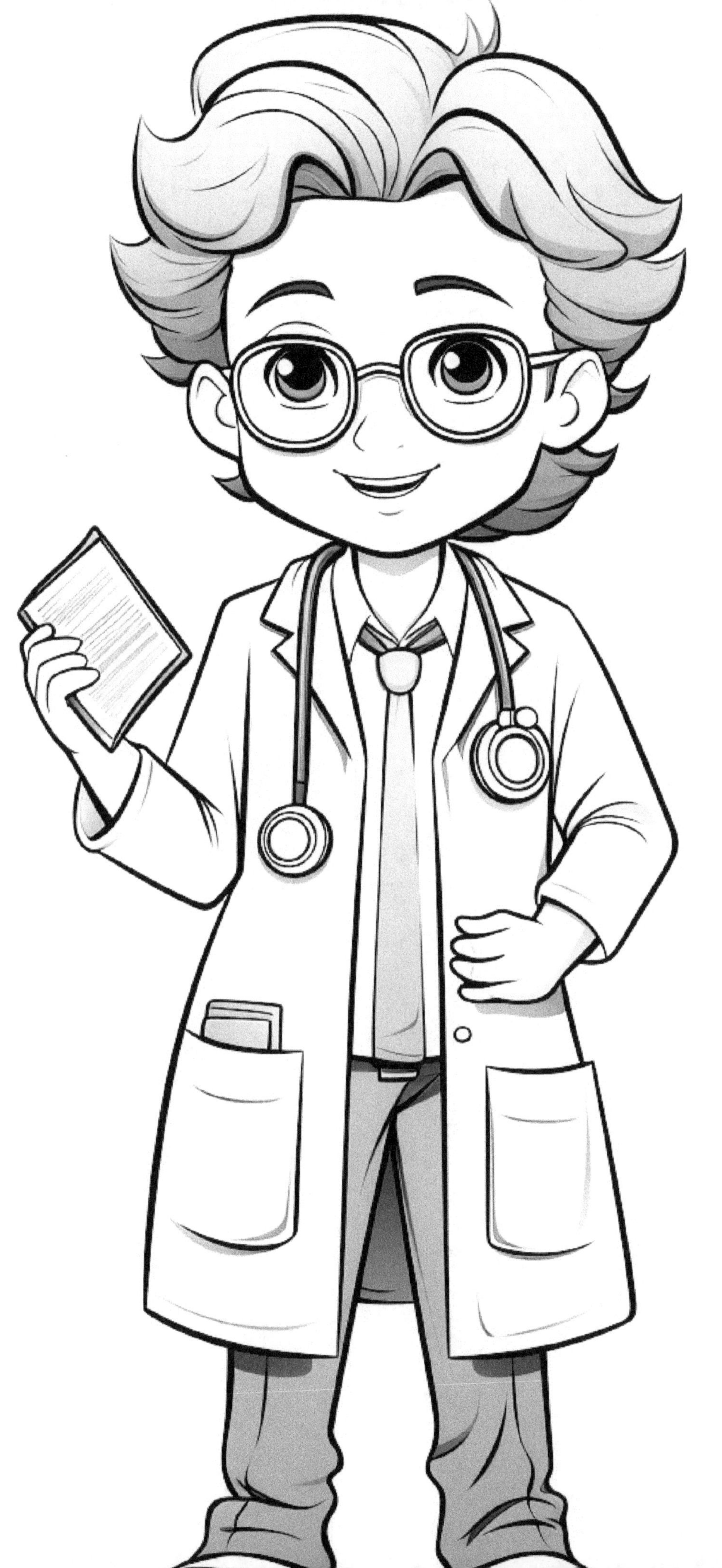

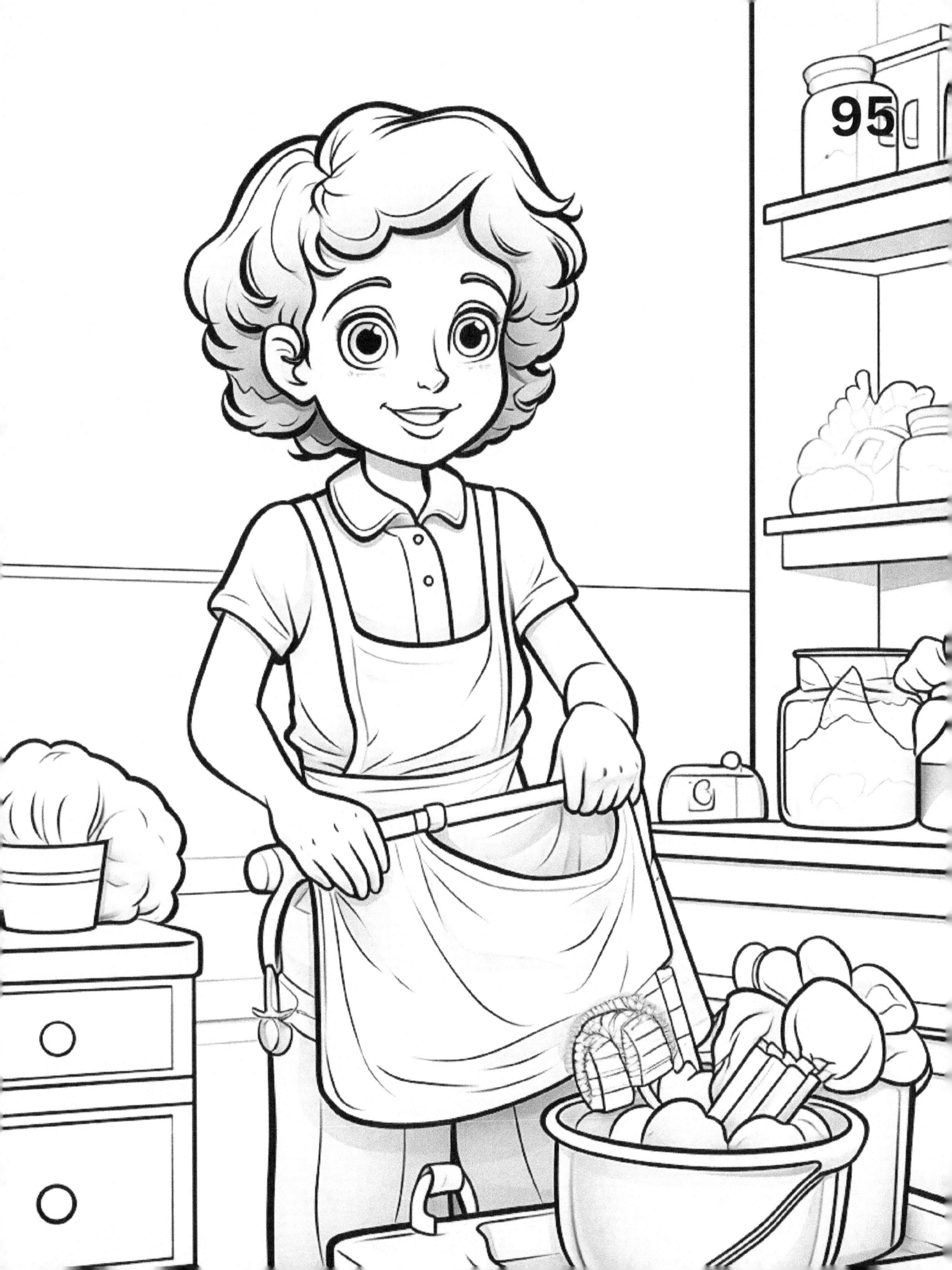
95

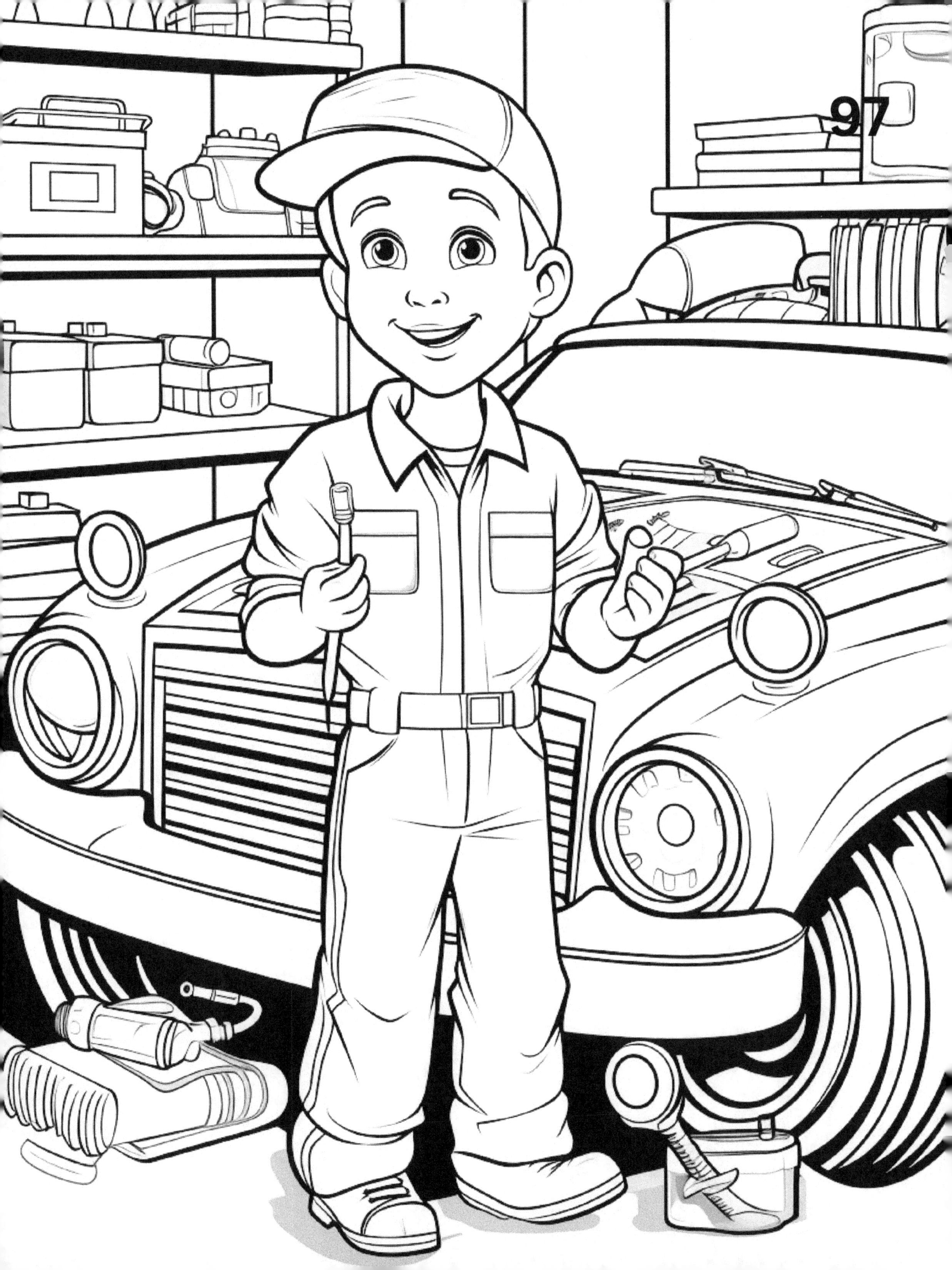

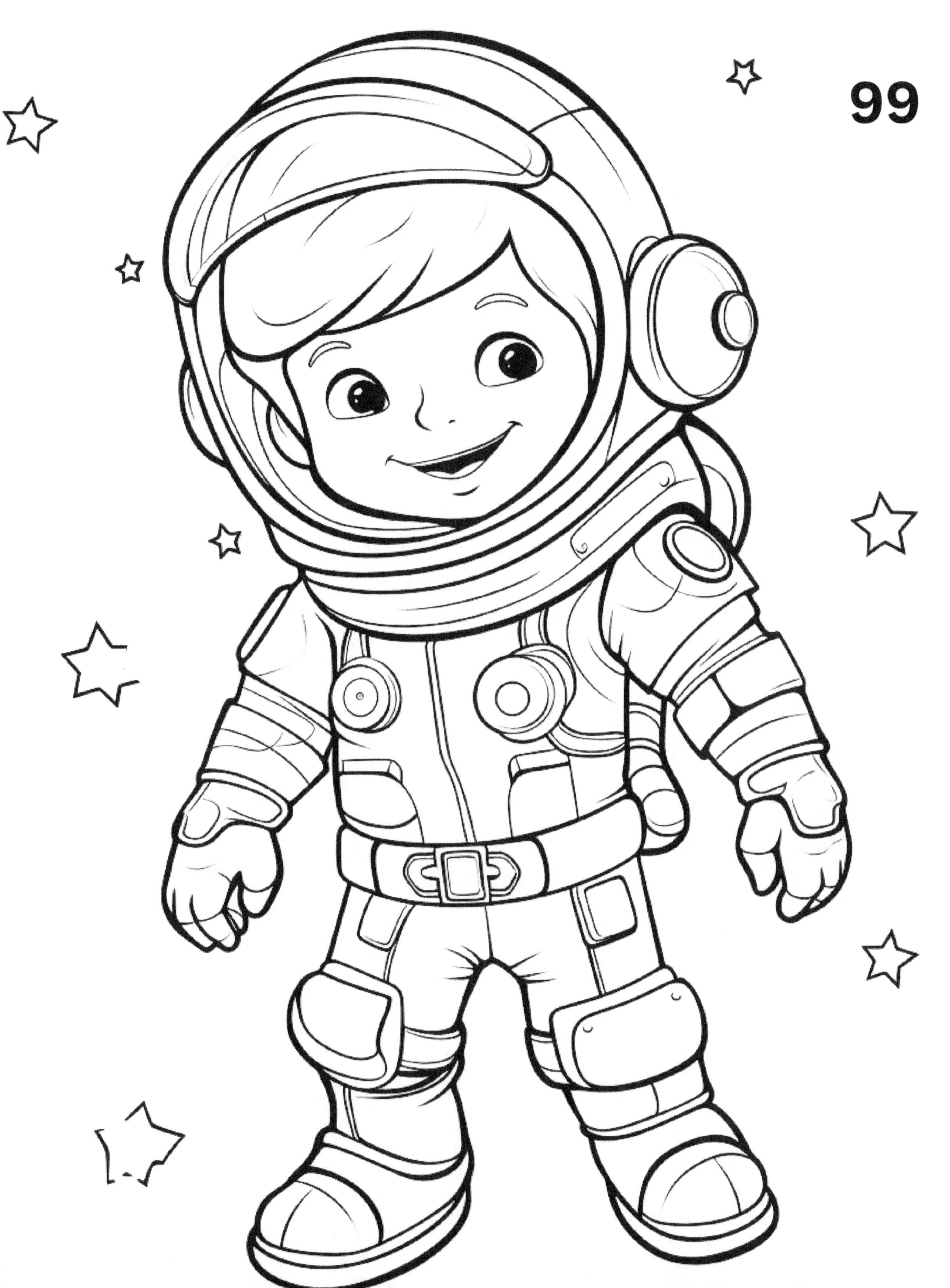

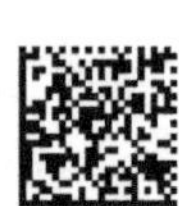

www.ingramcontent.com/pod-product-compliance
Lightning Source LLC
Chambersburg PA
CBHW080530280726
48658CB00024BB/3008